PAR L'AUTEUR DES « PAILLETTES D'OR »

LA VIE

Après le Pensionnat

Suite et complément du « Livre de Piété de la Jeune Fille »

TROISIÈME PARTIE

La Jeune Fille et le Monde

AVIGNON

AUBANEL FRÈRES, ÉDITEURS

IMPRIMEURS DE N. S. P. LE PAPE

La Vie après le Pensionnat

L'Auteur des « Paillettes d'Or »

LA VIE

Après le Pensionnat

COMPLÉMENT DE LA VIE AU PENSIONNAT

TROISIÈME PARTIE
La Jeune Fille et le Monde

La perfection ne consiste pas *à ne pas voir le monde* mais *à ne point goûter le monde.*

S. FRANÇOIS DE SALES.

Le mal n'est pas de *vivre dans le monde* mais de laisser le monde *vivre dans l'âme.*

AVIGNON
AUBANEL FRÈRES, IMPRIMEURS-LIBRAIRES
DE NOTRE SAINT-PÈRE LE PAPE

MONSIEUR LE VICAIRE GÉNÉRAL,

Je viens de prendre connaissance du Rapport qui m'a été présenté sur le nouvel ouvrage que vous avez fait paraître : LA VIE APRÈS LE PENSIONNAT — 3me Partie : *La Jeune Fille et le Monde*. Je l'approuve pleinement et je le recommande comme étant propre à faire beaucoup de bien aux jeunes personnes qui le liront. Comme dans vos autres ouvrages, on y trouve une doctrine sûre, l'expérience d'un directeur sage et éclairé, des conseils propres à faire naître dans les âmes les habitudes d'une piété solide.

Des divisions nettes et naturelles, une grande clarté d'exposition, un style tout à la fois élégant et facile en rendent la lecture attrayante. Il était grandement utile de faire connaître le *monde*, de montrer de quelles manières diverses il exerce sur les âmes son action délétère et de dire ce que doit être la vie de la jeune fille dans le monde. Vous l'avez fait comme il fallait le faire pour dire la vérité, sans blesser la délicatesse des âmes auxquelles vous vous adressez. Je vous en félicite et je vous en remercie. Je souhaite et je prédis à ce nouveau-né de votre plume infatigable le même succès qu'à ses devanciers.

Veuillez agréer, Monsieur le Vicaire général, la nouvelle assurance de mes sentiments tout dévoués en N.-S.

† FRANÇOIS, *Arch. d'Avignon.*

RAPPORT

A SA GRANDEUR
. MONSEIGNEUR L'ARCHEVÊQUE D'AVIGNON

MONSEIGNEUR,

Le *Livre de Piété de la Jeune Fille*, répandu dans le monde entier, débute par ces lignes : « Chères enfants pour qui nous aurions tant voulu nous dévouer et à qui nous avons consacré tant d'heures de notre vie de prêtre, nous vous envoyons ce *Livre de Prières*, afin que dans ces heures d'inquiétude que nous font craindre, aux approches de la mort, les jugements du bon Dieu, nous puissions trouver un sourire et un peu d'espérance dans cette pensée : *Les enfants prient pour moi.* »

Si les enfants sont tenus de prier pour l'Auteur du *Livre de Piété de la Jeune Fille* à qui sont dus tant d'autres précieux écrits, qui semblent avoir été dictés par le docte et suave saint François de Sales, le livre nouveau qu'il leur présente : « *La*

Jeune Fille et le monde » leur en fait une nouvelle et impérieuse obligation. Il ne s'est pas contenté d'avoir initié sa tendre Philothée, dès le premier réveil de sa raison, aux premiers éléments de la religion catholique (1), de l'avoir préparée au grand acte de la première communion (2), d'avoir complété son instruction religieuse dans des leçons plus relevées et mieux en harmonie avec le développement de son intelligence (3), il vient, aujourd'hui où elle doit quitter le Pensionnat, au secours de sa vertu que menace le monde, le monde au milieu duquel elle devra passer les années de son adolescence.

Prévenir vaut mieux que guérir, a-t-on dit avec vérité. C'est le but que s'est efforcé d'atteindre notre pieux Auteur en faisant connaître à la Jeune Fille ce qu'est le monde, ce qu'il promet et ce qu'il donne.

La doctrine de cet ouvrage est sûre, sans exagération aucune ; elle s'appuie sur la parole de l'Esprit-Saint et sur les observations des moralistes anciens et modernes le plus en renom dans l'Eglise. Les citations empruntées aux auteurs de nos jours, même à ceux qui ne partagent pas notre foi, sont d'un rare bonheur.

Le tout est écrit d'une manière claire, didactique et — ce qui ne gâte rien — avec un style vraiment enchanteur. Nombreux

---

(1) *Sommaire de la Doctrine Catholique*, 2 tomes.
(2) *Le Livre des Enfants qui se préparent à la Communion privée, solennelle ou simplement fréquente, au Pensionnat et dans la Famille.*
(3) *Après le Catéchisme*, 2 volumes.

seront les lecteurs qui ne consentiront à se séparer de cet
ouvrage qu'après en avoir achevé la lecture.

Est-ce à dire que toutes les jeunes personnes auxquelles il est
spécialement destiné l'approuveront sans réserve et ne seront
pas désolées de trouver là une amère déception aux rêves
qu'elles avaient depuis longtemps caressés? Non, assurément.
Mais, je le répète, mieux vaut prévenir que guérir; et si là
nature ne trouve pas son fait dans la pratique des conseils dictés
par Dieu lui-même, par l'Eglise et l'expérience des Sages, la
grâce bénira celui qui n'a pas hésité à ouvrir les yeux à l'im-
prudente jeunesse qui allait se précipiter dans l'abîme — et qui
a voulu l'arrêter au moment où sa perte était sur le point de
devenir certaine.

Qu'on n'aille pas croire que notre Auteur condamne absolument le monde et veuille obliger la Jeune Fille à se cloîtrer
dans sa demeure, à s'interdire toute relation étrangère, tout
plaisir et tout délassement si naturels à son âge. Les paroles
de saint François de Sales qui servent d'épigraphe à son livre
manifestent suffisamment sa pensée sur ce point : « La perfection ne consiste pas à ne pas voir le monde, mais à ne
point goûter le monde. » Les lignes qui suivent ne sont que le
commentaire des précédentes : Le mal n'est pas de vivre dans
le monde, mais de laisser le monde vivre dans l'âme.

Ce ne sont pas seulement les jeunes filles qui trouveront
intérêt et profit à étudier le nouvel ouvrage de l'Auteur des
Paillettes d'Or ; les mères de famille, les directeurs de conscience et les orateurs sacrés le parcourront avec une égale utilité.

Il n'est pas nécessaire d'être grand prophète pour assurer au livre : « *La Jeune Fille et le monde* » le même succès qu'à ses nombreux devanciers, et pour prédire qu'il est appelé à faire à la jeunesse chrétienne le plus grand bien.

Daignez agréer, Monseigneur, l'hommage de mon respectueux dévouement.

A. ESTELLON, *vic. gén.*

PRÉFACE

I

*Sur le seuil de ce palais pompeux qui s'appelle le
monde, la jeune fille a besoin qu'on la guide et la protège; elle a besoin surtout d'être préservée.*

« *A nous qui sommes entrés les premiers, de nous
retourner vers elle pour lui dire :*

Prenez garde, c'est un écueil!

Suivez ce chemin, il conduit dans les régions du beau,
du vrai, du bien.

C'est là que l'âme s'élève et que les nobles caractères
font les nobles visages. Les beaux sentiments embellis-
sent. »

*C'est sous l'influence de ces paroles de Th. Rozan
que nous avons écrit ces nouvelles pages, complétant
celles qui indiquaient vos devoirs, jeunes filles,*

1º dans la famille,

2º dans la paroisse.

Là, notre tâche était facile.

Dans votre famille, il y avait votre mère,

Dans la paroisse, il y avait un prêtre,

Et nous n'avions qu'à vous dire :

« *Ecoutez-les, imitez-les, soyez pour eux des enfants dociles. Dieu leur a donné :*

La sagesse pour vous diriger,

La prudence pour vous conseiller,

La force pour vous retenir dans le bien et vous aider à résister à des entraînements qui vous arracheraient à votre devoir,

L'affection pour renouveler chaque jour le dévouement qu'ils sentent si puissants dans leur cœur et qui les poussent à vous donner leur temps, leur santé, leur savoir-faire, leur vie tout entière,

La constance pour ne jamais se lasser de veiller sur vous, de travailler pour vous, et de vous procurer tout ce qui peut vous être utile. »

II

Dans cette troisième partie de la Vie après le Pensionnat, où nous voulons vous dire ce qu'est le monde où vous entrez, nous avons besoin, — pour être vrais, pour être utiles et vous indiquer avec sagesse et discrétion tout ce que vous devez connaître — de demander la lumière de ceux qui, avant nous, ont passé dans le monde et, mieux que nous, ont connu le monde — de ceux encore qui, après avoir, comme vous, désiré avec ardeur le monde que leur montrait si beau, comme elle vous le montre à vous, leur imagination de dix-huit ans, ont pu le connaître — et nous ont dit les uns et les autres toute la vérité.

III

Accueillez cette troisième partie de la Vie après le Pensionnat *comme vous avez accueilli la première et la deuxième partie.*

Lisez-la avec paix — en union avec Dieu — sous le regard duquel nous l'avons écrite, Lui demandant la sagesse, *la* prudence, *la* discrétion *et la* sainte affection du prêtre et de la mère.

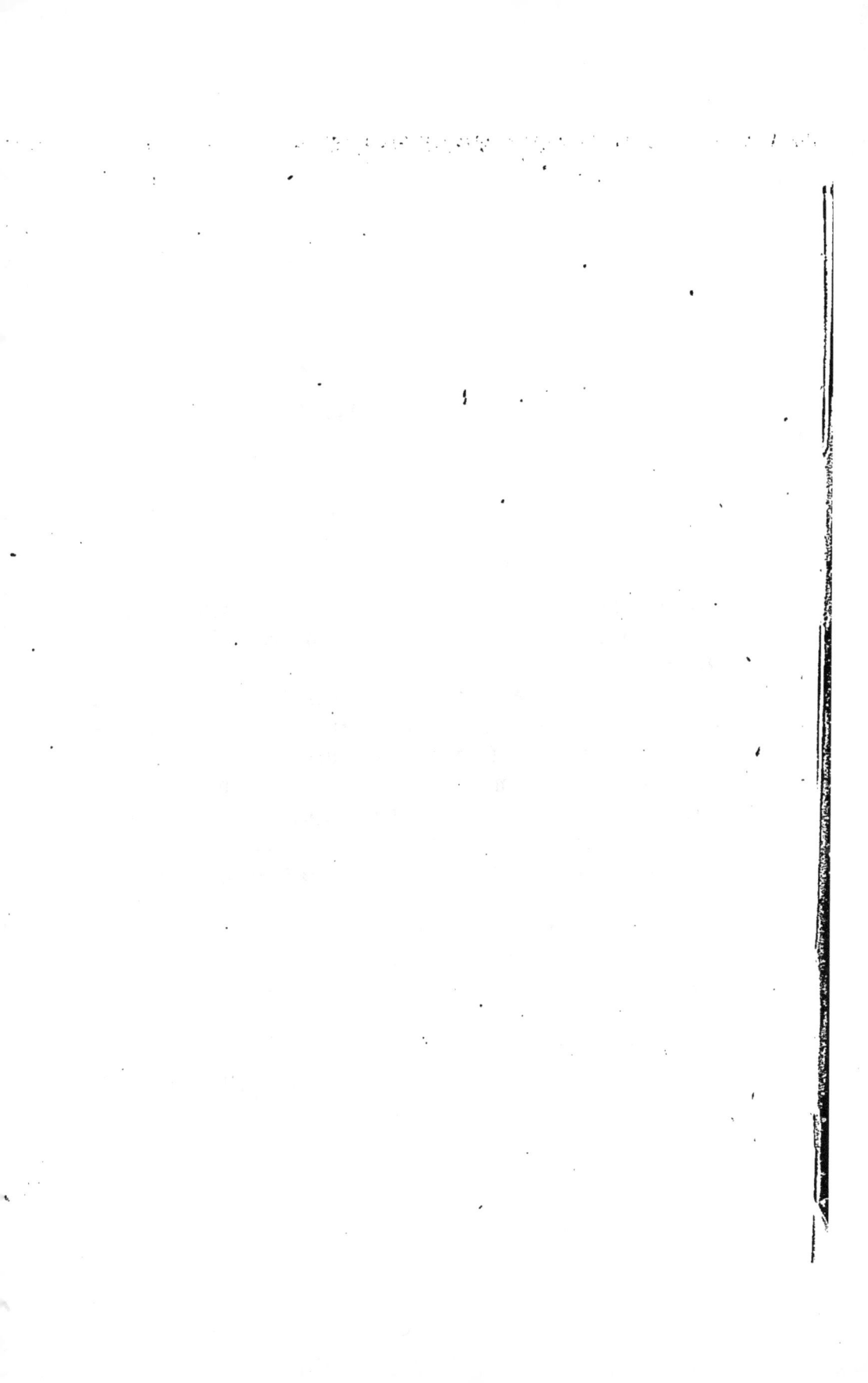

INTRODUCTION

I

Le monde! Ce mot n'est-il pas pour vous, jeunes filles, comme un de ces mots mystérieux dont parlent *les Contes d'Orient*?

Prononcés par des lèvres qu'avaient touchées de leurs ailes *les génies* répandus dans l'air, ces mots faisaient, par leur puissance, *tomber les murs épais d'un palais enchanté;* et subitement, aux regards du mortel privilégié, que les génies voulaient enrichir, se montrait tout ce que l'imagination pouvait rêver de plus beau, de plus riche, de plus attrayant; et, en même temps, sa voix lui disait :

A toi, à toi tous ces trésors!

Dites, enfants, ce mot : *Ma première entrée dans le monde,* ne vous a-t-il pas ému d'une émotion que jusque-là vous n'aviez jamais ressentie?

N'a-t-il pas étalé devant votre imagination tout un avenir de bonheur, de félicité, de joie, de fêtes, inconnu jusque-là?

N'a-t-il pas fait pressentir à votre cœur, que là se réaliseraient les aspirations les plus ardentes?

« La seule pensée d'un bal, d'une soirée suffit pour jeter le trouble dans l'imagination, dans le cœur, dans l'être tout entier d'une jeune fille, pendant de longs jours, dit l'abbé Balme-Frezol, dans son beau livre sur l'éducation.

« Toutes ses petites passions sont mises en émoi par la perspective d'un plaisir extraordinaire qu'elle doit bientôt goûter, et, à mesure que le jour approche, ses désirs s'enflamment, sa vanité lui fait entrevoir les plus heureux applaudissements, sa coquetterie combine adroitement les moyens d'attirer l'attention et, à l'aide de mille suppositions, son imagination la transporte d'illusion en illusion, de triomphe en triomphe, au milieu d'un *monde idéal* souvent plus à craindre que la réalité. »

Pauvres, pauvres enfants!

Laissez-nous vous parler de ce monde que vous n'avez encore vu qu'à travers votre imagination.

Laissez-nous vous dire :

Ce qu'il est — et non pas seulement *ce que vous croyez qu'il est.*

Ce qu'il donne — et non pas seulement *ce qu'il vous promet, sans vous le donner jamais.*

Ce qu'il montre et ce qu'il cache.

Laissez-nous vous dire :

Son hypocrisie qui vous trompe et sa fascination qui vous captive.

Le monde, c'est le plus captivant des enchanteurs.

Il plaît, dit Mgr Baunard, il chante, il rit, il attire.

Il vient au-devant de vous, et vous volez au-devant de lui.

Il a des caresses pour vous, vous avez des soupirs pour lui.

C'est de l'enivrement; vos cœurs s'échappent, ils vont à lui, ils sont à lui.

Il offre à votre imagination, à votre cœur, à votre esprit, ce qu'offre aux regards de l'oiseau qui vole inconscient, le *miroir* fascinateur qui resplendit de mille feux, et cache sous la touffe de fleurs qui l'enveloppe, un perfide chasseur.

Le miroir l'attire, l'attire, il est si étincelant, si brillant!

Pauvre oiseau! Pauvre enfant!

II

Quelle est la femme, la plus humble même et la plus pieusement élevée, dit Mme Bourdon, qui n'aie senti un instant *cette fascination du monde*, cette espèce d'orgueil qu'on ressent lorsque, jeune fille parée, on entre dans un salon, que la musique, les fleurs, les lumières remplissent d'harmonie et de prestiges?

On ne brave pas impunément tant de regards, on ne sort pas impunément des habitudes ordinaires de la vie, on ne recherche pas impunément ces jouissances où les sens ont plus de part que l'esprit; et toujours, l'âme en reçoit quelque souillure.

L'amour-propre et l'envie, un désir vague et dange-reux de plaire aux uns, d'effacer les autres, se glissent dans le cœur qui n'est plus gardé par *le doux travail*, par *la prière silencieuse*, par *les sérieuses pensées* qui émanent du foyer domestique.

Heureuses les jeunes filles qu'une éducation chrétienne et les exemples d'une mère retiennent sous les ailes du devoir!

Heureuses celles qui, prévenant la maturité de l'âge,
ont vu le vide des plaisirs,
ont su distinguer le cuivre sous la dorure, ·
ont deviné la trace des larmes sur les visages,
se sont méfiées de ces joies perfides et leur ont dit :
Vous ne me trompez pas !

III

Nous voulons essayer, jeunes filles qui êtes sur le point d'entrer dans le monde, de vous donner, avec la grâce de Dieu, un peu *de cette maturité* qui serait pour vous une si puissante sauvegarde — et vous dire avec paix, mais avec le courage de la vérité :

I. *Ce qu'est le monde*,
II. *Ce qu'est la vie du monde*,
III. *Ce que doit être la vie dans le monde.*

LIVRE PREMIER
LE MONDE

LIVRE PREMIER

Le Monde

I

Le Monde en général.

Le monde! ce mot, dit une femme d'esprit, qui pourrait au juste le définir?

Il désigne sans doute *quelque chose* de plus que ce qui constitue l'ordinaire de la vie;

Il désigne tous les genres de réunions et d'assemblées, sans en spécifier aucune, depuis les réunions des classes bourgeoises jusqu'aux rangs les plus élevés.

Mais ce *quelque chose*, quel est-il précisément?

Chacun va dans *le monde*.

Chaque mère conduit sa fille dans *le monde*.

Chaque jeune femme est présentée dans *le monde*.

Pour beaucoup, une réunion de vingt personnes, c'est *le monde*,

Pour d'autres, cinquante personnes ne représentent qu'une société restreinte.

Que de différences encore basées sur *le nombre* des invités — sur *la parure* des femmes — sur *le luxe* des appartements — même sur *l'esprit* que l'on peut montrer.

Ces différences se montrent dans *l'accent, le rire, le langage, la façon de dire des riens,*

    dans *la tenue, le geste, les manières surtout,*

    dans *l'aisance* avec laquelle on se présente et l'on   fait la toilette la plus simple ou la plus brillante,

    dans *le goût* enfin qui préside aux moindres choses.

Ces différences sont encore dans un *certain air de hauteur ou de protection* qui sied assez,

    d'autres fois dans *une bonhomie* qui n'exclut pas la distinction....

Paroles agréables mais vagues — précisons pour être utile.

Le *monde* est le milieu social dans lequel chacun de nous passe sa vie mortelle.

Il est formé par la réunion des personnes qui ne sont unies entre elles ni par les liens de la parenté, ni par les liens de la sympathie, mais seulement par les convenances, par la politesse, par les affaires, par des relations utiles ou agréables, souvent par le désir de plaire.

Le *monde* est le milieu dans lequel toute jeune fille — à moins d'une vocation particulière dont nous parlerons — va être mêlée; milieu qui exercera sur elle une influence presque irrésistible et qu'elle doit connaître pour résister à des entraînements dont son inexpérience lui cacherait les dangers.

II

Deux grandes époques
pour la jeune fille vivant dans le Monde.

Il y a, dans la vie de la jeune fille, deux grandes époques qui ont une puissante influence dans sa vie, au milieu du monde où elle doit vivre :

La première communion,
L'entrée dans le monde.

1. La première communion, c'est-à-dire l'union, pour la première fois, *de l'âme* de Jésus-Christ avec l'âme de l'adolescent, *du cœur* de Jésus-Christ avec son cœur, *du corps* de Jésus-Christ avec son corps.

Oui certes, une mère, un père, un prêtre ont bien raison de préparer avec toute la sollicitude, tout le dévouement, toute la tendresse dont ils sont capables, cette âme, ce cœur d'adolescent, à *un acte* d'où semble dépendre la longue suite de sa vie, son éternité elle-même; et dont le souvenir a si souvent ramené à la vertu un pauvre égaré.

2. Mais après la première communion, la *première entrée dans le monde,* d'une jeune fille, demande une préparation plus spéciale peut-être, plus délicate surtout et plus prudente.

A dix-huit ans, à vingt ans, elle est si impressionnable la jeune fille !

Son *imagination* est si facile à exalter !

Son *cœur* est si préparé, par la tendresse quelquefois trop affectueuse de la famille, à rêver, à désirer une affection nouvelle qui lui semble nécessaire et dont elle ne voit que le charme!

Sa *volonté* est si peu affermie dans le bien et dans le devoir qui est la mise en action du bien!

Cette première entrée dans une atmosphère qui n'est plus celle du pensionnat, plus même celle de la famille, servant de transition entre le pensionnat et le monde, et après laquelle, sans trop savoir pourquoi, la jeune fille soupire, cette première entrée peut être pour elle un grave danger.

Sans doute le *souvenir* de cette première entrée ne lui restera pas comme le souvenir de la première communion, mais ce qui *restera en elle*, ce seront des impressions reçues, conservées, aimées et qui peuvent avoir une influence décisive sur sa vie entière.

III

Nécessité spéciale de préparer la jeune fille à son entrée dans le Monde.

Il est donc nécessaire que, sous la direction prudente de sa mère, la jeune fille connaisse le monde où elle va entrer et dans lequel elle devra vivre.

Notre livre, nous le demandons à Dieu et nous le mettons sous la protection spéciale de la très sainte Vierge Marie, à qui l'Église donne le titre de mère *très prudente,* notre livre s'offre pour vous venir en aide, ô mères chrétiennes!

Or pour connaître le monde il faut :

I. Le voir tel qu'il se présente lui-même hypocritement:

1º A *nos sens*, pour les exalter, les affaiblir, les corrompre.

2º A *notre imagination* pour la captiver, l'impressionner, la remplir d'illusion, lui montrer le bonheur en dehors du devoir.

Pour connaître le monde, il faut encore :

II. Le voir tel qu'il nous est montré :

1º Par *ceux* qui tout d'abord attirés à lui et dévoués à lui, se sont révoltés contre sa tyrannie et ses turpitudes et, par une permission providentielle, ont révélé ce qu'ils ont vu et ce qu'ils ont appris. — L'expérience n'invente pas, elle relate.

2º Par *celui* surtout qui connaît le monde, ne se trompe pas dans son jugement et qui, dans sa miséricordieuse bonté, ne veut pas que nous nous laissions tromper — par Notre-Seigneur Jésus-Christ.

IV

Divisions de ce premier livre sur la nature du Monde.

Nous dirons :

1º Le monde connu *par ce qu'il présente aux sens.*

2º Le monde connu *par ce qu'il présente à l'imagination.*

3º Le monde connu *par les aveux de ses victimes.*

4º Le monde connu *par les paroles de Notre-Seigneur Jésus-Christ*.

5º Un dernier chapitre nous montrera ce que, *dans le monde*, au milieu de ses turpitudes et de sa fausseté, une âme chrétienne peut y trouver pour sa sanctification.

O vous qui êtes appelées à vivre dans le monde, irez-vous à lui sans vous précautionner?

Accepterez-vous tout ce qu'il vous dira comme l'expression de la vérité?

Vous livrerez-vous à lui sans cette réserve dont on vous a parlé tant de fois au Pensionnat et qui vous a paru austère et gênante?

Ne sentirez-vous pas le besoin d'être plus que jamais :

fidèles à vos devoirs religieux,

appliquées à vos devoirs d'état,

et surtout *le besoin d'être protégées et guidées?*

CHAPITRE PREMIER

Le Monde connu par ce qu'il présente aux sens

ARTICLE PREMIER

Le Monde se présente à nos sens sous un reflet attrayant appelé luxe.

La matière, c'est-à-dire tout ce qui tombe sous nos sens, ce qui est nécessaire à notre vie de tous les jours — *le monde* nous la présente entourée d'un éclat qui cache ce qu'elle a de grossier, et qui, en même temps, excite en nous les plus attrayantes sensations.

Ces sensations sont, avant tout, procurées à *nos sens* auxquels le monde veut non seulement épargner tout ce qui peut les blesser, mais veut encore leur donner tout ce qui peut les faire jouir, *dans l'habitation, dans les vêtements, dans les repas, dans tout ce qui est à notre usage.*

Certes, nous avons le droit de nous servir *de la matière* pour tout ce qui est *nécessaire* — *utile* — *commode*, et même pour ce qui peut être *agréable* et *donner*, avec mesure, *quelque charme à la vie*.

Mais le monde ne connaît pas *la mesure* dans l'emploi de la matière, il nous pousse à l'excès en toute chose, excès qui a pris le nom de *Luxe*.

I

NATURE DU LUXE

Le luxe, c'est *l'accessoire* préféré au principal. — C'est *le brillant* préféré au solide. — C'est *l'éclat* préféré à la valeur. — C'est *le superflu* préféré à l'utile. — C'est *l'agréable* préféré au nécessaire. — C'est *la tendance* à paraître ce qu'on n'est pas. — C'est le plaisir recherché *en tout* et *plus que tout*.

Le luxe, c'est le désir de paraître, — d'être vue, admirée, préférée, — d'être jugée d'après les apparences.

II

EFFETS DU LUXE

1. Le luxe est la *ruine de la santé*.

Il supprime *le nécessaire* dans la nourriture, dans l'achat de vêtements que réclamerait la santé, dans l'arrangement d'une maison laissée dans le désordre et dans laquelle, loin des regards, on vit à l'étroit et dans la gêne — et ces privations de choses indispensables ont pour but de se procurer des toilettes plus brillantes.

2. Le luxe est *la ruine de la vertu.*

Il empêche de dominer les sens, en leur procurant tout ce qui peut les satisfaire, — malgré la défense posée par Dieu, — malgré les avertissements de la conscience, — malgré l'expérience du mal qui en résulte.

Il empêche de maîtriser *l'imagination* qui, par elle-même, cherche tout ce qui peut lui procurer quelque jouissance.

3. Le luxe est *la ruine de la famille.*

Il diminue les ressources nécessaires, par les besoins factices qu'il fait naître et par le temps qu'il fait perdre.

Il augmente les dépenses qui, n'étant pas réglées par l'ordre et par l'économie, finissent par dépasser les revenus. — Ne faut-il pas être aussi élégantes et aussi richement parées que les autres?

Il pousse à des emprunts qui semblent faciles à rembourser, mais qui s'accumulent peu à peu et rendent la vie très difficile.

Il ôte à la famille tout entière *le repos de l'esprit,* par l'ambition de s'élever au-dessus de sa condition.

Il affaiblit *le dévouement du cœur,* par l'humiliation d'être entourée de parents moins élégamment vêtus ou plus grossiers dans leur tenue.

4. Le luxe est *la ruine de l'énergie morale et de la volonté.*

Il rend *esclave des passions* qui peu à peu tyrannisent et entraînent à des actes coupables et déshonorants.

Il rend *esclave de désirs* toujours renaissants et qui livrent aux caprices les plus futiles.

Il rend incapable de tout acte méritoire même au point de vue humain.

Le mérite suppose la victoire, — La victoire suppose le combat, — Le combat suppose l'énergie, — L'énergie suppose la domination sur la mollesse et la fantaisie produites par le luxe.

5. Le Pape Pie IX, approuvant un opuscule contre le luxe, dit dans sa lettre du 8 juillet 1868 :

« Le luxe ruine à la fois les mœurs et la famille.

« C'est *lui* qui, par les soins qu'on donne au corps et à la chevelure, soins renouvelés plusieurs fois par jour, absorbe le temps qu'on devrait consacrer aux œuvres de piété, de charité, et aux devoirs de la famille.

« C'est *lui* qui provoque aux assemblées brillantes, aux promenades publiques et aux spectacles.

« C'est *lui* qui apprend à courir de maison en maison, sous prétexte de devoirs à remplir, et à s'y livrer à l'oisiveté, à la curiosité, aux conversations indiscrètes.

« C'est *lui* qui sert d'aliment aux mauvais désirs, *lui* qui consume les ressources que l'on devrait réserver pour ses enfants, et enlève à l'indigence les secours qui lui viendraient à propos.

« C'est *lui* qui désunit les époux et plus souvent encore empêche la conclusion des mariages. On trouve rarement un homme qui consente à se charger de l'énorme dépense qu'exige le luxe. »

III

SOURCE DU LUXE

Le luxe ne se montre pas dans tout ce qu'il a de désastreux, aux premiers jours de l'adolescence. — Il commence à jeter ses racines dans l'âme par *l'amour exagéré de la toilette.*

Oh! la toilette! cette grande affaire de la jeune fille, celle qui tend, hélas! et qui souvent parvient à primer toutes les autres, il faut la soigner, certes.

Et nous, qui vous paraissons un peu austère, nous vous dirons volontiers la gracieuse parole de saint François de Sales :

« Je veux que ma jeune fille dévote, c'est-à-dire *chré-tienne*, soit la mieux habillée de la troupe, mais la moins pompeuse et la moins affectée; parée de grâces, de bienséance et de dignité. »

Nous vous voulons *gracieuses, aimables, rayonnantes*, mais que tout cet extérieur qui vous pare soit un reflet de la lumière et de la beauté intérieure qui vit dans votre âme et qui se compose de pureté, de simplicité.

La vertu dans l'âme, la vertu alimentée par les rapports intimes avec Dieu, est le foyer de la beauté qui attire, qui repose et qui fait du bien.

Ajoutons avec un auteur moderne :

Le soin exagéré de la toilette, c'est-à-dire :

Les longues demi-heures passées devant un miroir à essayer le genre de coiffure qui, nous le supposons, nous fera briller davantage;

2

Les longues demi-heures passées à feuilleter un journal de modes et à s'extasier devant les figurines auxquelles on sourit et auxquelles on voudrait ressembler.

Les longues demi-heures de conversation intime avec une amie un peu frivole, lui racontant et lui demandant les toilettes vues dans les rues, dans les soirées et même dans l'Eglise.

Ce soin exagéré de la toilette rétrécit l'esprit et le ravale à de mesquines et puériles combinaisons, à des préoccupations vaniteuses et mièvres.

Il atrophie le cœur dans l'égoïste souci de dépasser les autres.

Il tue la générosité, la charité; il excite la jalousie et enfin, il porte trop souvent de graves atteintes au repos et à la dignité de la famille.

Il importe donc absolument d'accoutumer les filles :

1. A ne pas dépasser pour leur toilette une somme raisonnable et proportionnée à leur situation. Si elles ne se plient pas à cette règle rigoureuse, elles feront plus tard passer leurs dépenses personnelles avant le bien-être de leur foyer.

2. A restreindre dans leur budget la part du superflu, qui tient aujourd'hui une place honteusement exagérée dans une existence féminine.

3. A élever leurs pensées et leur jugement au-dessus des petites vanités, des sottes rivalités et même des légè-res mortifications qui peuvent avoir la toilette pour objet.

4. A ne pas passer un temps considérable à s'attifer ou à confectionner des objets de parure inutiles.

5. A ne porter ni les modes excentriques qui peuvent les faire remarquer d'une manière regrettable, ni à sacrifier les convenances sévères dont une femme comme il faut ne doit jamais se départir. (Maryan, dans son beau livre : *Le Féminisme de tous les temps).*

IV

A UNE JEUNE FILLE COQUETTE

Jeune fille, pourquoi veux-tu cette parure?
Crois-tu que ces grains d'or posés sur tes cheveux
Te gagneront les cœurs? Et que cette coiffure
Avec art préparée, à ton front siéra mieux?

Ce beau front de quinze ans si pur, si plein de grâce,
De tes chastes pensers voile si transparent,
Limpide comme un ciel où nulle ombre ne passe,
A-t-il besoin, dis-moi, de ce riche ornement?

Il te faut, pauvre enfant, bijoux, rubans, dentelle,
Bracelets d'or, et puis un manteau de velours.
Afin qu'autour de toi l'on dise : *Qu'elle est belle!*
Plaisir vain, que bien cher on achète toujours.

Mais tu ne vois donc pas que ta robe soyeuse,
Dans l'œil des malheureux met un regard jaloux?
Et que *plus d'une* dit, de ses haillons honteuse :
Dans ce seul vêtement combien de pain pour nous!

Mais tu n'entends donc pas, dans sa marche tremblante,
Le pauvre en pleurs chanter quelque joyeux refrain?
Ou faisant sous l'archet d'une corde grinçante
Sortir un triste son, disant : *j'ai froid! j'ai faim!*

Et tu crois que tu peux, près de tant de souffrance,
Passer indifférente? Et dans ta vanité,
L'esprit tout occupé de ta folle élégance,
Te poser aux regards en reine de beauté?

Ah! si tu pénétrais dans ces sombres demeures,
Où la mère agonise auprès de l'enfant nu,
Où l'angoisse et la faim pressent toutes les heures,
Où l'espoir souriant n'est jamais parvenu,

Tu jetterais toi-même, heureuse et fière reine,
Tant *de riens* si coûteux pour grossir leur trésor;
Jalouse du bonheur de soulager la peine,
Avare par bonté, tu ménagerais l'or !

Si tu veux plaire, enfant, si tu veux être belle
D'un éclat qui du temps puisse braver l'affront,
Laisse, laisse velours, et joyaux, et dentelle;
Fais-toi des malheureux l'appui tendre et fidèle.
Enfant, la charité met des perles au front.

ARTICLE SECOND

Le Monde se présente à nos sens sous l'attrait des plaisirs.

Les *plaisirs*, cette succession à peu près non inter-
rompue et toujours variée de ce qui plaît — attire —
charme — absorbe — retient loin de la famille, voilà ce
qu'offre le monde, à nos yeux, à nos oreilles, à notre
goût, à nos sens.

Ces plaisirs ont pour but avoué de ne nous laisser manquer de rien — d'éloigner tout ce qui, de sa nature, peut nous être nuisible, — ce qui, dans les limites voulues par la raison et surtout par la loi de Dieu, est bien légitime — mais encore et surtout de nous faire éprouver toutes sortes de sensations agréables.

Or, le résultat de ces plaisirs qui nous sont offerts par le monde et dont nous aurons à parler plus loin, c'est l'abaissement de l'intelligence, — la dépravation de la volonté, — la profanation de l'âme, — l'anihilation du dévouement, — l'ennui de la vie de famille, — le dégoût de Dieu, — la satiété de la vie.

Ne vous récriez pas, jeunes filles, encore si inexpérimentées, et ne dites pas, avec l'ardeur de vos seize ans :

« Exagéré! Exagéré! Les plaisirs! mais toute notre jeunesse a été entourée de plaisirs au pensionnat! mais les plaisirs, nous les retrouvons plus brillants, plus animés dans notre famille; et jamais un *après-midi*, quand viennent rieuses et entraînantes nos anciennes compagnes, et jamais nos *soirées*, avec notre père, notre mère, nos intimes, soirées si mouvementées, si vivantes, remplies par de gaies chansonnettes, des rondes, des jeux un peu bruyants peut-être, qui prolongent nos rires jusque dans notre sommeil — jamais ces plaisirs n'ont ni troublé notre âme, — ni affaibli notre dévouement, — ni diminué notre travail du jour.

Ces plaisirs, au pensionnat et dans notre famille :

Ils nous délassaient au lieu de nous épuiser,

Ils fortifiaient notre corps et notre esprit au lieu de les affaiblir,

Ils nous faisaient trouver le travail moins pénible au lieu de nous en dégoûter,

Ils nous rapprochaient même de Dieu au lieu de nous en éloigner.

Pourquoi *les plaisirs du monde* n'auraient-ils pas pour nous les mêmes effets?

Ils seront peut-être plus entraînants, un peu plus prolongés, ils ne seront pas plus coupables. »

Pauvres enfants, relisez, après quelques-unes des *fêtes mondaines* auxquelles vous aurez assisté, relisez ces paroles échappées à votre inexpérience et vous comprendrez alors, si, en les prononçant, vous n'étiez pas trompées par l'illusion.

Laissez-nous ici reproduire une page de nos *Paillettes d'Or :*

Questions sans réponses.

Y a-t-il donc beaucoup de mal à aller dans le monde?

A cette question qui nous est posée — question *un peu vague* parce que ce mot *le monde* est bien élastique — nous répondons par d'autres questions.

A vous qui nous lisez, au retour d'une de ces réunions *dans lesquelles*, dites-vous brusquement sans même qu'on vous le demande et pour vous débarrasser d'une voix importune, *je n'ai point fait du mal !* — à vous de donner à chacune d'elles la réponse que devant votre crucifix, votre conscience encore droite, encore délicate, mais peut-être sur le point de perdre sa délicatesse, va vous inspirer.

*
**

Vos *regards* n'ont-ils rien vu qu'ils n'auraient pas dû voir? Vos *oreilles* n'ont-elles rien entendu qu'elles n'auraient pas dû entendre? Et comme le jeune poète, écrivant *un premier remords*, ne pouvez-vous pas dire :

> Je ne suis plus un ange, et mon oreille, hélas!
> Connaît des mots qu'hier elle ne savait pas.
> Une coupable amie osa me les redire
> Je rougis tout d'abord, je finis par sourire.

*

Votre *imagination* n'a-t-elle pas conservé des tableaux, des scènes, des images que vous n'étiez pas habituée à y voir, vous, jusque-là si simple, si candide, — scènes et images qui peut-être sans avoir rien de bien inconvenant vous font baisser les yeux sans trop savoir pourquoi — et qui, malgré vos efforts, sont toujours là, vivants, colorés, effrayants.

*

Votre *mémoire* n'a-t-elle pas gardé et ne vous rappelle-t-elle pas des *souvenirs* que vous n'oseriez pas rappeler devant votre Ange gardien? — Et ne surprenez-vous pas sur vos lèvres telle parole entendue, telle flatterie, telle phrase musicale que vous sentez mal placée sur des lèvres accoutumées à prier?

*

Votre *cœur* n'a-t-il pas eu des émotions qui l'ont troublé, et peut-il dire, ce pauvre cœur, comme il disait hier encore : *Je suis heureux ! le bon Dieu et ma mère m'aiment bien.* — Peut-il ajouter ce qu'il a dit tant de fois avec candeur : *Moi ! je n'ai rien à cacher à ma mère !*

*

N'y a-t-il pas au-dedans de vous et autour de vous comme une atmosphère froide ou un brouillard qui vous fait éprouver une vague inquiétude, vous laisse sous une impression de peur et vous empêche d'être à l'aise et de vous montrer aimable ? Vous ne voyez rien de précis, mais ne sentez-vous pas qu'il y a quelque chose en vous qui vous gêne, qui ne s'harmonise pas avec vos habitudes de paix, de piété, de joyeux entrain ? Ne seraient-ce pas *des semences de péché* jetées par le démon, et qui attendent leur heure pour germer ?

*

Pourrez-vous pieusement, au retour de cette fête, vous mettre, comme vous le faites tous les soirs, devant votre crucifix, devant l'image souriante de la très sainte Vierge, autour de laquelle est gracieusement suspendue votre médaille d'Enfant de Marie, et là, mains jointes, dire simplement les paroles suivantes :

« O Jésus ! Jésus de ma première communion, à qui j'ai promis de ne souiller jamais la blanche robe de mon innocence, souvenez-vous, quand je paraitrai devant vous, qu'au retour de cette soirée, vous m'avez retrouvée avec cette robe aussi blanche et aussi pure que le jour où vous me l'avez donnée!

« O Jésus! à qui j'ai promis de ne jamais, blesser volontairement la plus délicate des vertus, je vous offre, comme gage de ma fidélité à cette promesse, la soirée que je viens de passer et les joies que j'y ai recherchées!

« O Jésus! qui nous avez tant commandé de veiller et de prier pour ne pas succomber au mal, et qui nous recommandez de fuir jusqu'à l'apparence du péché, je vous prends à témoin de ma fidélité à me tenir loin de ce qui pourrait ternir mon innocence!

« Et vous, ô Marie, Vierge immaculée, ma Mère, c'est moi! moi, toujours votre enfant qui vous aime, qui veut vous obéir, qui veut vous ressembler, moi qui viens vous donner ce doux baiser du soir qui rapproche si intimement la fille de la mère! »

*
**

Selon la réponse que votre conscience fera à chacune de ces questions — réponse qui laissera sur votre front sa douce sérénité, ou qui vous forcera comme instinctivement à baisser la tête — répondez vous-même à la question qui nous a été posée : *Y a-t-il beaucoup de mal à aller dans le monde?*

ARTICLE TROISIÈME

**Le Monde se présente à nos sens
par l'attrait des intérêts matériels, des affaires,
de la fortune.**

Le monde est *le grand affairé*, a-t-on dit. Deux choses,
entre toutes, le préoccupent, *s'amuser*, *s'enrichir*, le plus
souvent *s'enrichir pour s'amuser*.

Aussi quelle fièvre d'activité, quelle agitation perpétuelle pour sauvegarder sa fortune, pour l'augmenter,
pour la défendre !

Vous regardez tout cela avec un dédaigneux sourire,
vous, chères enfants, pour qui l'intérêt matériel est si
peu, si peu, à qui on a eu tant de peines à faire comprendre la nécessité de l'économie et l'intelligence de ce mot
vulgaire : *il faut savoir compter*.

Vous comprenez mieux cet autre mot : *Il faut savoir
donner*.

Le monde ne comprend que le premier : *Il faut
compter*.

Écoutez ce qu'il dit :

« Travaille, amasse, amasse encore, c'est si bon
d'avoir : celui qui est riche peut tout ce qu'il veut.

Amasse, tu seras le plus riche, le plus estimé ; tu domi-
neras, tu seras le *maître*.

Amasse, tu pourras te procurer des jouissances que
seule peut donner la richesse.

Amasse, mais sois *prudent*, pour ne pas violer ouvertement les lois de la société; n'aie pas de ces scrupules ridicules qui ne savent pas *faire naître une bonne affaire*, ou n'osent pas profiter d'une occasion, parce qu'ils devraient léser un peu les droits des autres.

Sois habile, pour agir en dessous avec une apparence de loyauté. — Parle beaucoup de probité, de délicatesse de conscience, censure tout ce qui se montre indélicat et rappelle-toi que la fortune n'est pas au plus travailleur, ni même au plus habile, *elle est au plus rusé.* »

Tristes conseils, n'est-ce pas? Ils révoltent, à cette heure, votre âme candide... hélas! hélas!

Si vous ne vous précautionnez pas, comme nous vous le dirons plus tard, ils s'acclimateront dans votre âme.

Et vous, si candide, vous deviendrez rusée. — Vous, si généreuse, vous deviendrez avare. — Vous, si bonne aux pauvres, vous deviendrez insensible. — Vous, si loyale, vous deviendrez hypocrite. — Vous, si facilement émue, vous deviendrez dure.

Vous souvient-il de l'étonnement que vous éprouvâtes lorsque, dans une de vos classes de littérature, on vous lisait ces vers de Boileau :

L'argent! l'argent, dit-on, sans lui tout est stérile,
La vertu sans argent est un meuble inutile.

Cet étonnement cessera bientôt dans vos rapports avec le monde, et vous comprendrez toute la vérité qu'ils expriment. — Enfants, prenez garde!

ARTICLE QUATRIÈME

Le Monde se présente à nos sens par l'attrait des honneurs, des titres, des dignités.

Les *titres* qui font de ceux qui les portent comme des êtres à part — les *dignités* qui élèvent ceux qui en sont revêtus, au-dessus des autres, le monde les montre comme le but de tous *les efforts*.

Etre, dans le monde, c'est peu de chose; *paraître*, c'est tout.

Oh! l'orgueil! oh! la vanité! oh! la parade! oh! l'ambition de primer partout, de s'élever au-dessus de tout! oh! la conviction de son mérite et de sa supériorité!

Que c'est petit! que c'est ridicule! que c'est méprisable et cependant que... c'est aimé, ambitionné, recherché par tous les moyens!

Pas un moraliste qui n'ait écrit, sur cette tendance perpétuelle à se grandir et à se séparer de la foule, des pages mordantes et flagellantes — ces pages ont fait sourire; elles n'ont arrêté personne dans sa vaniteuse ascension, pas même ceux qui les écrivaient....

Et la foule, — alors même qu'elle connaît les *intrigues* qui ont valu l'auréole de grandeur entourant ceux qui en sont si fiers, — la foule reste comme fascinée devant ceux qui passent au milieu d'elle la tête haute, le regard méprisant, la parole impérative.

Nous n'insisterons pas sur *ce travers* qui s'est en quelque sorte acclimaté dans le monde, mais nous vous dirons simplement :

Il est *en germe* en vous, jeunes filles, et il grandit et se développe dans votre cœur comme le ver imperceptible grandit et se développe dans le fruit.

Ce germe s'appelle *petites vanités...* désirs à peine sentis, mais réels, de choses futiles, *vaines*, qui ne se montrent à vous que gracieuses :

Désir d'être plus belle, — la mieux parée, — la plus spirituelle, — la plus recherchée, — la plus louangée, — la plus instruite, — la plus pieuse, — la plus charitable....

Et ils sont si légitimes ces désirs, si utiles, si nécessaires, si naturels, qu'on ne voit pas l'empire que, peu à peu, ils prennent sur la volonté.

« Le désir de plaire est naturel à la femme, elle veut être *reine et reine partout.*

« De là, chez quelques-unes, une démangeaison d'attirer les regards, de fixer l'attention, de devenir comme un astre avec des milliers de satellites.

« Cette maladie peut devenir chronique, passer à l'état de fièvre quotidienne et empoisonner la vie entière. » (Mgr Landriot).

ARTICLE CINQUIÈME

Le Monde se montre à nos sens par l'attrait des lettres, des sciences, des arts.

C'est par là surtout que le monde attire à lui les âmes que n'ont pas amoindries ni les plaisirs des sens, ni l'entraînement égoïste des intérêts matériels.

Ah! les lettres, les sciences, les arts, quels attraits puissants! quelles forces irrésistibles pour captiver, pour entraîner, pour attacher!

Mise au service de Dieu pour donner aux âmes la vérité, pour élever les âmes, les grandir, les entourer de paix et de joie, pour exalter en elles le désir du bien, et en même temps, leur faire aimer la position dans laquelle Dieu les a placées sur la terre — qu'elle serait belle la mission des lettres, des sciences, des arts!

Mais le monde veut systématiquement éloigner Dieu des œuvres de l'esprit; il attaque Dieu, il cherche à faire oublier Dieu; il n'a qu'un but: exalter la puissance de l'homme et procurer aux sens la plus grande somme de jouissance possible.

Lisez les livres les plus répandus, les plus brillants, les plus vantés et mis, par la facilité de se les procurer, à la portée de tous.

Presque dans chacune de leurs pages :

La religion est mise de côté avec une indifférence acceptée, ou tournée en ridicule.

La morale purement humaine, *prouve*, par des exemples, que tout sur la terre réussit aux plus habiles et aux moins délicats — *indique* d'une manière plus ou moins voilée, le moyen de jouir. — Les récits, les nouvelles exaltent partout l'imagination et les sens.

Etudiez les sciences, vous verrez les découvertes modernes, belles et utiles certes, mais tendant toutes, par la manière dont on les présente, à affaiblir et à atteindre dans les âmes l'idée de la puissance de Dieu — à exalter la puissance de l'homme qui doit rejeter tout ce qu'il ne comprend pas....

Entrez dans un Musée, au parcourez simplement les vitrines des magasins... je vous défie de regarder sans rougir tout ce qui s'étale sans pudeur aux yeux de tous.

Le voilà le monde tel qu'il se présente à vous.

Faut-il vous dire : *Allez à lui ?*

Les poètes racontent qu'aux vieux temps, les voyageurs rencontraient dans leurs courses lointaines des *nymphes* dont le chant était plus doux que le murmure de la brise au printemps.

Et ils suspendaient leur course, charmés par ces voix suaves; et ils écoutaient....

Et voilà qu'un attrait irrésistible les poussait en avant; ils allaient, ils allaient, avides d'entendre de plus près ces harmonies célestes.... Et tout à coup le navire qui les portait se brisait contre des rochers cachés au sein des flots... et ils disparaissaient engloutis.

C'est votre destinée, ô jeunes âmes enthousiastes et inexpérimentées qui laissez venir à vous et les perfides paroles qui frappent vos oreilles et les images sensuelles qui excitent vos sens.

CHAPITRE DEUXIÈME

Le Monde connu par ce qu'il présente à l'imagination qu'il remplit d'illusion.

Ce que le monde présente à l'imagination c'est une suite de tableaux, brillants, colorés, attrayants, ayant toute l'apparence de la réalité — l'impressionnant profondément et passant rapides pour se faire encore désirer.

Ces tableaux, l'imagination les transmet aux sens, au cœur, à l'esprit, à l'être tout entier dont ils troublent la paix; les présente à la volonté qui, si elle n'est pas accoutumée à résister, s'affaiblit et se laisse entraîner.

Et la vie entière n'est bientôt qu'une vie *d'illusions* — c'est le nom qu'on donne au monde, *une vie d'illusions.*

ARTICLE PREMIER

Nature de l'illusion.

L'illusion est comme un *verre* préparé ordinairement par un cœur ardent, passionné, avide de jouissances et placé par l'imagination entre la raison et les êtres que le cœur veut posséder. Ce *verre* montre les objets aimés avec toutes les qualités qui les rendent aimables et attrayants, et la raison trompée affirme la *réalité de ce qu'elle voit.*

C'est ainsi que l'illusion nous montre le monde : *possédant la vérité,* — *donnant la liberté,* — *procurant le bonheur,* — *et étant la source unique de tout ce qui rend la vie agréable.*

Essayons de voir le monde tel que nous le montre *l'illusion.* Il vous sera facile de comprendre combien est trompeuse et fausse cette image du monde que la jeunesse surtout accepte avec tant d'enthousiasme.

ARTICLE SECOND

Effets de l'illusion.

I

L'illusion nous montre le monde possédant la vérité et donnant la vérité.

Le monde commence par *affirmer* qu'il *est la vérité,* qu'il *la possède* et qu'il *la donne.*

Il exalte la beauté de ce qu'il présente aux regards et qui, de fait, est attrayant et éblouit; il assure avec une prétention qui ne permet pas le moindre doute, que tout ce qu'il dit *est vrai,* — que tout ce qu'il promet, il le donne.

Et on va à lui, non par conviction, mais par entraînement.

Or, le monde, pour celui qui le connaît est *le mensonge.*

Mensonge *des lèvres* qui disent : *Je vous aime, je vous
estime, je suis heureux de vous voir,* quand le cœur dit
tout bas : *je vous déteste et je vous méprise.*

Mensonge *des lèvres* qui promettent, qui assurent ce
qu'elles promettent et ne donnent jamais — qui racontent des histoires remplies d'un bonheur qui n'a jamais
existé et dont elles nous affirment la réalité.

Mensonges *dans les choses extérieures,* brillantes à la
vue, tristes en réalité. — Tout est fraudé, tout est falsifié,
tout est faux. Dans le monde, écrivait un publiciste,
cherchez dans les magasins, depuis le plus élégant jusqu'au plus modeste, *je vous défie de trouver quelque
chose en quelque genre que ce soit, qui soit vrai.*

Dans le monde, pour jouir quelques instants, *il faut
voir ; il ne faut pas savoir.*

Il *faut entendre ;* il ne faut pas se rendre compte *de
la réalité de ce qu'on entend.*

Il *faut croire, accepter ;* il ne faut *ni raisonner, ni son-
der, ni analyser.*

II

L'illusion nous montre le monde donnant la liberté.

Ce mot, le monde l'écrit partout ; il le fait entrer dans
ses chants populaires, dans ses discours d'apparat ; il le
proclame la grande conquête qu'il a faite et le grand
bonheur qu'il a donné aux intelligences.

Liberté de penser, liberté d'écrire, liberté d'agir, liberté de tout lire, de tout voir, de tout connaître....

Et en réalité, c'est *l'esclavage* dans lequel il enserre ceux qui sont à lui.

Esclavage de l'intelligence :

Il faut penser comme lui. — Il faut croire comme lui. — Il faut affirmer comme lui.

Sans cela, il vous repousse et vous dédaigne.

Esclavage de la conscience :

Il faut accepter les croyances religieuses qu'il impose — mépriser, renier les vieilles croyances de la famille et de l'Eglise;

Il faut signer des promesses qui vont jusqu'à renier Dieu;

Il faut ne plus pénétrer dans une église, ne plus porter le signe du chrétien, ne plus se soumettre à Dieu.

Esclavage du cœur :

Le monde l'arrache à Dieu, ce pauvre cœur qui ne peut jamais vivre entièrement libre et qui a besoin de s'attacher, d'aimer et d'être aimé.

Il le détache peu à peu, par ses moqueries, des souvenirs pieux qui le rendaient si heureux sous la dépendance paternelle de Dieu; il le détache de la famille, de la douce et pure amitié — en lui procurant des jouissances matérielles qui peu à peu *le rivent* à des affections dégradantes dont il ne peut s'arracher que par des efforts héroïques.

III

L'illusion nous montre le monde procurant le bonheur.

L'idée qu'éveille en vous, jeunes filles, le mot *bonheur*, prononcé par le monde et vu à travers votre imagination, est-elle la même que l'idée indiquée aux premières pages de ce livre?

Le bonheur, vous disions-nous, c'est la paix au dedans, sous le regard de Dieu. — C'est l'accomplissement du devoir. — C'est le don de soi pour épargner une peine aux autres. — C'est le sacrifice de ses goûts et de ses vanités pour procurer un peu de joie à ceux qu'on aime. — C'est la satisfaction de pouvoir se dire : *Par moi, tous les miens sont heureux.*

Ce bonheur n'est pas celui que vous offre le monde.

Le bonheur pour lui : C'est le *plaisir* sans cesse renouvelé. — C'est la *joie* rayonnant perpétuellement du visage. — C'est le *succès* en tout et auprès de tous. — C'est l'*applaudissement* à chacune de vos paroles et à chacun de vos actes.

Le bonheur offert par le monde : C'est paraître. — C'est briller. — C'est plaire. — C'est éclipser toutes les autres. — C'est même, hélas! se sentir jalousée par les autres....

Et c'est cela que vous voudriez pour vous?

Et c'est cela que vous appelleriez bonheur?

« Le monde, mon enfant, a deux faces, dit Mgr Baunard, sa face rose et sa face noire. Il y a en lui comme dans le feu, *ce qui brille, et ce qui brûle.*

Ce qui brille, c'est la beauté, la richesse, le luxe; ce qui brûle, c'est la passion, la jalousie, le remords, l'ambition, l'orgueil.

On s'approche de ce qui brille, on se fait prendre à ce qui brûle; et on y laisse ses ailes et on y laisse sa vie.

Je me garde bien d'accuser ceux qui souffrent, mais je veux constater que, dans le monde, l'on souffre universellement.

Que de fois voyant telle personne, telle maison, telle famille que je connaissais peu, je me suis dit au premier abord : *Ceux-là, sont des gens heureux*, mais bientôt, pour peu que cet intérieur me fût ouvert, j'ai vu suinter au cœur une blessure cachée, et je n'ai plus eu qu'à plaindre le sort que j'avais envié un instant.

Pour nous, prêtres, ces révélations sont de chaque jour. »

Ecoutez cet aveu d'une personne du monde :

Paraître, c'est le but non pas formellement exprimé, mais cherché, mais pratiqué : *être* n'entre nullement dans la pensée.

Dans ce milieu, on cultive la femme comme on cultive les camélias, les azalées, les orchidées. Il faut à la jeune fille, pour être admise et appréciée, un aspect attrayant, une brillante apparence, un extérieur soigné, une parole gracieuse, une érudition superficielle, comme il faut à la plante un coloris exquis et rare, une nuance à la mode et un feuillage délicat.

Mais le développement réel de la vigueur et de la beauté réelle, — mais l'esprit élevé — mais le sens droit

— mais l'instruction ferme sans être pédante — mais le
cœur non pas seulement affectueux et tendre mais
dévoué... qui les demande? qui s'en inquiète? qui s'inquiète surtout d'une vie chrétienne?

Il suffit que la jolie et frêle créature plaise et attire les
regards, qu'elle fleurisse, à l'heure où elle est produite
au dehors.... Oui certes, cela suffit *pour la plante* qu'on
étale pendant une soirée et qui n'a que quelques heures
de splendeur et de durée, mais *pour une créature du*
bon Dieu qui a sur la terre une autre mission que celle
de plaire, mais *pour une âme* qui doit vivre, penser,
agir, non pas l'espace d'une soirée, à la lueur brillante
d'un splendide salon, mais une longue vie remplie de
devoirs austères et souvent pénibles,

Non, *l'éclat, la joie, l'admiration excitée, les compli-*
ments reçus, ne suffisent pas.

Non, tout cela n'est pas le bonheur.

IV

L'illusion nous montre le monde comme la source de
tout ce qui est beau, de tout ce qui est grand, de tout
ce qui est savant, de tout ce qui est riche.

Elle nous dit :

Allez *au monde,* vous qui voulez connaître les secrets
qui développent, agrandissent et enrichissent l'intelligence. Là, on sait tout, là on connaît tout; les arts, la
littérature, la science ne se trouvent que là.

Allez *au monde*, vous qui aspirez à briller, à réussir, à être adulée, à parvenir; là est le secret de tout succès qui flatte.

Allez *au monde*, vous qui aimez le luxe; là vous le verrez dans toute sa splendeur.

Oui vous verrez tout cela, vous serez éblouies de tout cela. — Mais ces salons si brillants, si animés, si captivants, ne sont autre chose que ce que vous voyez à travers les verres de ce magnifique instrument de physique *le Cinématographe* qui sait donner la vie à des scènes simplement peintes sur un papier. Là les personnages semblent vivants, ils se meuvent, ils agissent.... Ce ne sont que des *apparences*.

Apparence aussi, tout cet éclat qui rend comme féériques les salons du monde : apparence de joie — de luxe — de savoir — d'amabilité — de politesse — de charité.

V

L'illusion nous montre le monde comme la source des plaisirs.

Oh! les plaisirs que promet le monde! Comme ils viennent en foule se montrer à votre imagination, la fasciner, l'attirer, l'exalter!

Nous en avons parlé déjà; laissez-nous ici simplement vous dire que dans ce *désir* si ardent du plaisir que peut vous donner le monde, plaisir qui s'offre à vous, sous des dehors candides et hypocrites n'éveillant qu'une seule idée : *s'amuser* — il y a un venin qui pénètre, goutte à goutte, dans votre âme, dans votre cœur, dans votre intelligence, qui arrête tout élan vers le bien, affaiblit tout dévouement et empêche tout développement intérieur.

Que de fois, aux heures où l'image *de la soirée* à laquelle vous avez été invitée se montre brillante, entraînante, à votre imagination, votre mère vous a surprise rêveuse, interrompant votre travail, le visage préoccupé, le regard dans le vague, et vous a dit affectueusement :

— A quoi penses-tu, mon enfant?

— A rien, mère, avez-vous répondu toute troublée.

Et vous vous êtes rapidement penchée sur votre livre ou sur votre couture; mais vous n'avez pu vous appliquer, entendant murmurer à vos oreilles : *Ce sera bien beau, bien beau!*

Oui, il est beau, oui, il est attrayant ce tableau qui se montre à vous... mais c'est une image trompeuse, c'est ce miroir qui reflète, en tournoyant, les feux du soleil, aveugle la gracieuse alouette et lui fait perdre toute prudence.... Elle accourt pour se mirer et jouer, elle devient captive.

Ah! celui qui assisterait, à la rentrée d'une femme du monde dans sa chambre, après une soirée dansante, — comme il se sentirait écœuré à la vue de cette pauvre créature qui jette loin d'elle tout ce qui la paraît — et qui, voyant dans une glace ses traits si alanguis, si envahis par la tristesse et le dégoût, s'affaisse dans son fauteuil en criant : *Que je suis malheureuse!*

Non, non, le monde n'est pas la source des plaisirs. Nous allons vous le prouver.

CHAPITRE TROISIÈME

Le Monde connu par l'aveu de ses victimes.

Il y aurait, sous ce titre *victimes du monde*, des pages émouvantes, non pas à *inventer*, mais simplement à reproduire.

Elles sont nombreuses ces jeunes âmes fascinées par l'éclat du monde, — attirées par ses fêtes, — trompées par ses promesses.

Venues à lui, ardentes, généreuses, confiantes, et qui se sont données à lui avec toute l'ardeur de leur adolescence....

Puis déçues, puis trompées, puis amoindries, puis appauvries dans leur fortune, dans leur cœur, dans leur intelligence, dans leur âme surtout, puis repoussées dédaigneusement.

Pauvres âmes, que le bon Dieu, dans sa miséricorde, envoie à son prêtre, à qui elles viennent demander la consolation, l'espérance, le pardon, la réhabilitation au moins devant Dieu.

Leurs aveux sont *sincères ;* ils n'ont été ni provoqués, ni récompensés.

Ils sont *spontanés* et forcés en quelque sorte, produits: par les déceptions les plus terribles, — par les remords les plus déchirants, — par le besoin de Dieu qui se fait sentir impérieux et irrésistible.

Ils ont toujours *pour effets* de décharger l'âme, de la purifier, de la rapprocher de Dieu et de la ramener à sa vie paisible, laborieuse, dévouée d'autrefois.

ARTICLE PREMIER

Aveux de quelques-unes des victimes du Monde.

1. « L'ennui désole ma vie. L'ennui me tue, écrit Georges Sand.

Tout s'épuise pour moi, tout s'en va.

J'ai vu à peu près la vie sous toutes ses faces, la nature dans toutes ses splendeurs. Que verrai-je maintenant?

Quand j'ai réussi à combler l'abîme d'une journée, je me demande avec effroi avec quoi je comblerai celui du lendemain.

Il me semble parfois qu'il existe encore des *êtres dignes d'estime* et *des choses capables d'intéresser*, avant de les avoir examinés, j'y renonce par découragement et par fatigue. Je sens qu'il ne me reste pas assez de sensibilité pour apprécier les hommes, pas assez d'intelligence pour comprendre les choses.

Je me replie sur moi-même avec un calme et sombre désespoir et nul ne sait ce que je souffre. Les hommes

qui me connaissent se demandent ce qui me manque à
moi dont la richesse a pu atteindre à toutes les jouissances, à moi dont la beauté et le luxe ont pu réaliser
toutes les ambitions. Parmi tous ces hommes, il n'en est
pas un dont l'intelligence soit assez étendue pour comprendre que c'est un grand malheur de *n'avoir pu s'atta-*
cher à rien et de ne pouvoir plus rien désirer sur la terre.»

« Il est des heures dans la nuit où je me sens accablée
d'une épouvantable douleur.

C'est d'abord une tristesse inexprimable. La nature
tout entière pèse sur moi, et je me traîne brisée, fléchis-
sant sous le fardeau de la vie, comme un nain qui serait
forcé de porter un géant.

Alors, l'élan poétique et tendre tourne en moi à l'effroi
et au reproche.

Je hais l'admirable beauté des étoiles; et la splendeur
des choses qui nourrissent mes contemplations ordinaires
ne me paraît plus que l'implacable indifférence de la
puissance pour la faiblesse.

Je suis en désaccord avec tout, et mon âme crie au
sein de la création, comme une corde d'un instrument
sacré qui se brise au milieu des mélodies triomphantes.

Si le ciel est calme, il me semble révéler un Dieu
inflexible, étranger à mes désirs et à mes besoins; si
comme l'orage il bouleverse les éléments, je vois en eux,
en moi, la souffrance inutile, les cris inexaucés.... »

Il y eut cependant des heures dans la vie de cette
femme dont nous venons de voir les cruels remords, des

heures où elle fut *heureuse*... elle était pieuse alors, c'était pendant sa première jeunesse.

« Je sentais, dit-elle dans *l'histoire de ma vie*, que la foi s'emparait de moi, par le cœur. J'aimais Dieu; ma pensée embrassait et acceptait pleinement cet idéal de justice, de tendresse et de sainteté avec lequel je ne m'étais jamais trouvée en communication directe, mais que je sentais s'établir en moi....

... J'étais devenue sage, obéissante, laborieuse. Il ne me fallait aucun effort pour cela.... »

2. Écoutez encore les plaintes de Madame de Maintenon, au milieu de ce grand monde où elle vivait, plus attrayant cependant que celui où vous devez vivre vous-même. .

« Je ne puis plus y tenir, je voudrais être morte.

J'ai été jeune et jolie; j'ai goûté les plaisirs, j'ai été aimée partout. Dans un âge plus avancé, j'ai passé des années dans le commerce de l'esprit; je suis venue à la faveur... eh bien, tous les états m'ont laissé un vide affreux, une inquiétude, une lassitude, une envie de connaître autre chose... parce qu'en tout cela, rien ne satisfait entièrement.... »

3. « Si vous lisiez dans mon cœur, je vous ferais pitié, écrit Madame de Staël.

Je me sens plongée dans une espèce de désespoir qui me dévore. Rien ne m'intéresse plus; je ne trouve de plaisir à rien.

Je me contiens à l'extérieur; une sorte de fierté me conseille de ne pas trop montrer ce que j'éprouve. Si je me laissais aller, j'offrirais le plus méprisable des spectacles. »

4. « Etes-vous heureux? demandait-on au célèbre pianiste Hermann, après sa conversion.

Le bonheur! répondit-il. J'ai couru le monde pour le chercher; nul n'y goûte le bonheur.... Je l'ai cherché dans les spectacles de la nature, dans les salons, dans les festins somptueux, dans une ambition démesurée... où donc ne l'ai-je pas cherché? Je ne l'ai trouvé nulle part! Et vous, l'avez-vous trouvé, ce bonheur? Ne vous manque-t-il rien? Ah! j'entends pour réponse un lugubre concert de plaintes.

Eh bien, je l'ai trouvé moi! Et depuis cette découverte, je surabonde de joie. C'est un trop plein qui m'inonde.

Je l'ai trouvé *dans l'humble tabernacle de Jésus-Hostie*....

Venez donc à ce banquet céleste.

Laissez là vos hochets, vos chimères, venez à Jésus, donnez-lui votre cœur et vous goûterez des joies si immenses que je ne puis les décrire. »

5. « Ah! mon Père, écrivait à Mgr Landriot une femme du monde, si l'on savait ce que souffre une femme qui abandonne la ligne du devoir; si on savait la série d'angoisses, d'ignominies, de choses vides, étroites, mesquines, honteuses qui tombent sur son âme comme une grêle quotidienne, il ne s'en rencontrerait pas une seule qui ne demeurât constamment vertueuse. »

6. Nous ne croyons pas devoir prolonger ces citation, nous craindrions de ternir la candeur de votre âme. Laissez-nous cependant transcrire une page empruntée à un livre que nous vous recommandons et à qui — dans quelques années — vous irez demander force et consola-

tion : *Heures de tristesse et d'espérance*, par l'abbé
Bellune :

« Demandez à l'une de ces âmes dans lesquelles le
monde s'incarne sous son aspect le *plus séduisant,*
comme aussi le plus vain, à l'une de *ces reines* qui
tiennent de la même main — d'une main qui aurait pu
essuyer bien des larmes — le sceptre de la grâce et
celui de la frivolité, — demandez-lui : *Etes-vous heureuse ?*

Si elle répond *oui ;* dites-lui *vous mentez !*

Non vous n'êtes pas heureuse ! vous êtes étourdie,
éblouie, emportée comme une feuille par le tourbillon,
comme un brin d'herbe par le torrent, enivrée, enivrante,
grisée par le murmure d'admiration qui s'élève sur le
passage de votre jeunesse — *vous n'êtes pas heureuse.*

Au fond — et c'est le fond de l'âme, le fond du cœur
qu'il faut regarder — au fond vous êtes pleine d'ennui,
de découragement, de dégoût.

Il y a des jours où votre cœur — car vous avez un
cœur, — s'agite douloureusement comme un oiseau
inquiet qui se heurte avec désespoir contre les barreaux
de sa cage, à travers lesquels il voit le ciel, le soleil, les
fleurs, la verdure.

Il y a des jours où vous échangeriez volontiers vos
parures et vos guirlandes de bal contre la coiffe d'une
paysanne.

Il y a des jours où votre couronne est si lourde et
votre sceptre si pesant, que ni votre front, ni vos mains
n'ont plus le courage de les porter.

Il y a des jours où votre esprit plein de richesses peut-
être, et de grâces cachées, se demande tristement :

*Pourquoi suis-je en ce monde? Est-ce donc pour cela?
Pour cet attendrissement, pour ce rêve et, après tout,
pour cet ennui?*

Il y a des jours enfin où le remords de votre vie futile,
égoïste, insignifiante, sans aucune beauté, sans aucune
grandeur, vous saisit; vingt fois, au retour du bal, vous
vous êtes jetée avec lassitude sur quelque meuble de
soie, et prenant à deux mains votre front encore paré,
vous vous êtes dit, avec quelqu'un qui fut un jour des
vôtres : *La belle chose qu'une fête... quand on est
revenu!*

Ne riez pas de ces larmes, votre bon ange les a vues.
Laissez-les couler afin qu'il les recueille jusqu'à ce qu'il
y en ait assez pour vous donner un nouveau baptême.

Ne rougissez pas de vos larmes; c'est ce qu'il y a
de plus précieux dans votre cœur, et de meilleur dans
votre vie. »

ARTICLE SECOND

Résumé de la nature du Monde d'après les aveux des victimes du Monde.

I

1° Dans le monde, tout y est *dangereux :* Ses caresses
séduisent, — ses persécutions découragent, — ses plaisirs
corrompent, — ses amusements dissipent, — ses exemples égarent, — ses sollicitations entraînent.

2º Dans le monde, *tout y est injuste* : Il prodigue ses éloges au vice, — ses railleries à l'innocence, — ses mépris à la vertu.

3º Dans le monde, *tout y est faux* : Le brillant de ses fêtes n'est que vanité, — l'apparence de ses vertus n'est qu'hypocrisie, — l'empressement de ses prévenances n'est qu'adulation, — la générosité de ses services, n'est qu'intérêt, — la multitude de ses promesses n'est que fourberie.

4º Dans le monde, *tout y est trompeur* : Il annonce la paix, on trouve l'inquiétude. — Il promet le plaisir, on goûte l'amertume. — Il fait espérer des biens, on gagne la pauvreté. — Il excite par l'espoir de la liberté, on vit entouré d'embarras. — Il berce par l'attente de la gloire, on est couvert de confusion.

5º Dans le monde, *tout y est égoïsme, sécheresse de cœur, ou sentimentalisme* : Il ne veut pas entendre les plaintes des malheureux. — Il ne veut pas voir les misères matérielles. — Il s'apitoie et il pleure, au théâtre, devant des récits imaginaires, et il laisse mourir dans l'abandon le pauvre sans ressource. — Il refuse une aumône légère au mendiant qui le supplie et dépense en *fêtes de charité* des sommes qui suffiraient à nourrir plusieurs familles.

II

Le monde, c'est le maudit de Jésus-Christ, — le contempteur de Jésus-Christ, — le réprouvé de Jésus-Christ.

1. *Maudit de Jésus-Christ*, à cause des scandales qu'il donne et par lesquels, avec une épouvantable hypocrisie, il souille les âmes, il entraîne les âmes, il arrache les âmes à Dieu.

Scandales *de paroles* qu'il jette à tous les esprits, sous mille et mille formes, et qui ont toutes pour but de détruire, par le ridicule ou le sophisme, les enseignements de Jésus-Christ.

Scandales *de livres*, *de gravures*, *d'œuvres d'art* qui activent la curiosité et, pénétrant dans le plus intime du cœur et des sens, les remplissent de sensualités.

Scandales *de luxe*, scandales de toutes manières qui s'échappent, à toute heure, de tous les actes du monde, comme la peste s'échappe de tous les membres d'un pestiféré.

2. *Contempteur de Jésus-Christ*, le monde a refusé de le recevoir. — Il l'a chassé — il s'est moqué de sa doctrine, il a ri de ses miracles, il a essayé de détruire tout ce qu'il a fait. Il le poursuit toujours dans tous ceux qui croient en Lui.

3. *Réprouvé de Jésus-Christ*, qui, malgré toute la bonté de son cœur — toute la pitié de son âme pour les égarés et les coupables — toute sa miséricorde dont nous ne connaîtrons jamais l'étendue, malgré toute la peine qu'il a dû éprouver — a dit publiquement :

Je ne prie pas pour le monde.

III

Le monde c'est le mensonge et l'hypocrisie.

On n'est *du monde* qu'en y paraissant enveloppé dans le mensonge. Nous l'avons indiqué :

Mensonge sur l'âge qu'on a et qu'on ne dit jamais. Il faut être *toujours jeune* pour plaire dans le monde.

Mensonge dans la parure qui s'étale avec une richesse et une fraîcheur toute extérieure.

Mensonge dans l'ensemble de la physionomie qui doit toujours être attrayante et qu'on cherche à rajeunir par tout ce que la science peut inventer.

Mensonge dans les paroles complimenteuses et flatteuses qu'on sait être les seules bien reçues et qui demandent un mensonge pour réponse.

Mensonge dans la joie factice qu'on étale et dans le sourire forcé des lèvres.

CHAPITRE QUATRIÈME

Le Monde connu par la parole de Jésus-Christ
et par l'opposition de sa doctrine
avec la doctrine de Jésus-Christ

ARTICLE PREMIER

Paroles de Jésus-Christ sur le Monde.

Chaque fois qu'on met en face de ce mot *le monde*, la terrible parole de Jésus-Christ qui le maudit, ce mot apparaît entouré d'une lueur effrayante qui fait peur — et toute bouche chrétienne redit avec le Maître divin :

Malheur au monde !

Et à nos oreilles retentissent ces autres paroles de saint Jean, l'apôtre de la charité, écho de celles de Jésus-Christ :

O mes bien-aimés, n'aimez pas le monde ni ce qui est dans le monde ! — Le monde est tout plongé dans le mal.

— *Le monde, c'est la concupiscence de la chair, c'est la concupiscence des yeux, c'est l'orgueil de la vie.*

Et nous comprenons cette autre parole de Jésus-Christ si triste, si douloureuse et plus effrayante encore que la première :

Je ne prie pas pour le monde.

ARTICLE SECOND

Opposition de la doctrine du Monde avec la doctrine de Jésus-Christ.

Le monde a une doctrine formellement opposée à celle de Jésus-Christ.

1. Ecoutez Jésus-Christ :

« Bienheureux les *pauvres d'esprit*, c'est-à-dire ceux qui, possédant des richesses, n'y attachent pas leur cœur. — Heureux ceux qui savent accepter la pauvreté! »

Ecoutez le monde :

« Bienheureux les *riches!* les riches qui possèdent des trésors, qui s'en montrent fiers et se procurent par eux toutes les joies de la vie! malheureux les pauvres et les déshérités des fêtes profanes! »

2. Ecoutez Jésus-Christ :

« Bienheureux les *doux*, les humbles, les patients; ceux qui pardonnent et qui oublient les injures. »

Ecoutez le monde :

« Bienheureux ceux qui peuvent se venger et se faire justice à eux-mêmes. Ceux-là seuls sont redoutés et respectés sur la terre! »

3. Ecoutez Jésus-Christ :

« Bienheureux ceux *qui pleurent* et qui sans murmure acceptent les peines de la vie! »

Ecoutez le monde :

« Bienheureux ceux qui vivent dans la joie, ceux à qui tout prospère, ceux dont la vie est une fête continuelle! »

4. Ecoutez Jésus-Christ :

« Bienheureux ceux qui *ont faim et soif de la justice,* cherchant à servir Dieu, à plaire à Dieu, à vivre en paix et en douce amitié avec le prochain. »

Ecoutez le monde :

« Bienheureux ceux qui, sans scrupule, savent, aux dépens des autres, augmenter leur fortune; heureux ceux qui peuvent se procurer une vie douce, facile, alors même que d'autres en souffriraient. »

5. Ecoutez Jésus-Christ :

« Bienheureux *les miséricordieux* qui s'occupent avec amour de consoler ceux qui pleurent, de donner à ceux qui manquent, de se dévouer à tous ceux qui souffrent. »

Ecoutez le monde :

« Bienheureux ceux qui repoussent loin d'eux ces mendiants, ces affamés, ces tristes pleurnicheurs qui sont des trouble-fête. »

6. Ecoutez Jésus-Christ :

« Bienheureux *les cœurs purs,* les chastes, les fidèles à Dieu qui redoutent ce qui peut ternir leur candeur. »

Ecoutez le monde :

« Bienheureux les passionnés, les cœurs ardents, à qui il est donné de satisfaire leurs insatiables et criminels désirs! »

7. Ecoutez Jésus-Christ :

« Bienheureux *les pacifiques* qui évitent les querelles, les disputes et savent pieusement souffrir pour avoir la paix. »

Ecoutez le monde :

« Bienheureux ceux qui dominent les autres et qui veulent et savent avoir raison en tout, et se croiraient lâches, s'ils laissaient passer une injure ou simplement un oubli ou une opinion contraire à la leur, sans protester hautement. »

8. Ecoutez Jésus-Christ :

« Bienheureux ceux *qui souffrent persécution pour la justice* et qui, à cause de leur fidélité à Dieu, sont méprisés, repoussés, attaqués. »

Ecoutez le monde :

« Bienheureux ceux qui pour conserver leur place ou obtenir des places nouvelles et plus lucratives, savent faire des concessions aux idées modernes et ne plus écouter ce qu'ils appellent leurs préjugés d'enfance.... »

Vous étonnez-vous maintenant de l'anathème que Jésus-Christ a fait peser sur le monde?

Vous étonnez-vous de la sévérité des conseils de ceux à qui Dieu a confié votre âme?

Ils connaissent le monde parce qu'ils l'ont vu à l'œuvre.

L'œuvre du monde a pour but : *de contredire Dieu* et de lutter contre Dieu.

Et cette œuvre, il l'accomplit : *en ridiculisant et en niant* tout ce que Dieu a dit.

Les mystères de la foi, sont des impossibilités rationnelles : folie de les croire.

Les commandements de Dieu sont des entraves aux inclinations naturelles : folie de se gêner.

Les enseignements de Jésus-Christ sont des paradoxes qui affaiblissent l'intelligence et mettraient le trouble dans les familles : folie de les accepter.

La vie à venir avec ses tourments éternels est un épouvantail pour troubler les joies de la vie : folie d'y ajouter foi.

L'œuvre du monde a pour but : *d'écarter la pensée de Dieu de l'âme* et de la remplacer comme attrait principal par *le Dieu du plaisir des sens.*

CHAPITRE CINQUIÈME

Le Monde connu par les âmes chrétiennes.

Il est effrayant, n'est-ce pas, *ce monde*, qui vient de passer sous vos yeux, ô chères âmes, qui éprouvez, en le voyant, ce sentiment de répulsion qu'éprouve l'agneau en pénétrant, à l'aube du jour, dans la prairie où n'a fait cependant que passer, pendant la nuit, la bête fauve. — Mais rassurez-vous :

Lisez les pages qui vont suivre, elles vous montreront ce qu'une âme, chrétienne comme la vôtre, sait trouver dans le monde.

Elle sait toujours y trouver *Dieu*.

I

CE QUE N'EST PAS NÉCESSAIREMENT LE MONDE

1. Le monde n'est pas *nécessairement l'opulence* et la splendeur des bâtiments que nous habitons, ni le luxe des vêtements qui nous parent.

Le monde n'est pas *nécessairement* l'abondance de toutes ces choses matérielles qui nous rendent sans doute la vie plus douce, dont on peut facilement se passer, mais qu'on ne doit pas mépriser.

Le monde n'est pas *nécessairement* la multiplicité des fêtes, ni l'éclat donné à ces fêtes.

Si Notre-Seigneur Jésus-Christ, dit Mᵍʳ Doublet, a dédaigné votre or et votre luxe, s'il a choisi Bethléem et Nazareth, la pauvreté et la souffrance, son pied divin a néanmoins franchi les seuils opulents, et porté à des riches les trésors les plus précieux de ses grâces et de ses miracles.

Jésus-Christ consacra de sa présence la table de Simon et laissa l'opulente Madeleine oindre sa tête de parfums précieux.

Sans doute l'Homme-Dieu se fatiguait aux pierres du chemin et s'asseyait brisé de fatigue au puits de Jacob, mais il ne maudit pas vos brillants équipages.

Non, *votre fortune* légitimement reçue par les vôtres ou légitimement acquise par votre travail, ne vous fera pas, par elle seule, condamner.

Si votre main est généreuse, si votre âme est humble et simple, si votre vie est chrétienne, si au sein de votre richesse vous avez trouvé le secret de rester *pauvres en esprit*, — c'est-à-dire, veillant sans doute sur vos biens, mais bénissant Dieu de leur abondance, ne murmurant pas contre Dieu quand vous les voyez diminuer — *Vous n'êtes pas le monde.*

Si votre or n'introduit pas dans votre existence son cortège effréné de plaisirs défendus, si l'orgueil ne vous domine pas et si, par vous, le pauvre n'est pas méprisé, si l'Eglise vous trouve des enfants dociles — *Vous n'êtes pas le monde*.

Si surtout vous êtes bon, miséricordieux, compatissant, si le malheureux trouve toujóurs *accès et secours* près de vous. — Si Dieu, en un mot, peut compter sur vous pour le soulagement de ceux qu'il éprouve — *Vous n'êtes pas le monde*.

2. Le luxe, c'est-à-dire ce *superflu que nous avons flétri*, n'est pas précisément dans les choses riches et brillantes et dans celles dont on pourrait facilement se passer.

Certes, *Dieu* a multiplié le luxe, — et dans le *firmament* qu'il a rempli de diamants, — et dans la *nature* qu'il a parée de fleurs, — et dans ces *paysages* gracieux sur lesquels l'œil se repose si doucement, — et dans ces *productions* du genre humain : *poésie, musique, peinture, architecture, sculpture,...* qui nous ravissent et nous émeuvent.

La *Religion* ne proscrit pas ce qui est beau, ce qui est grand, ce qui est riche, tout ce qui est de nature à attirer à Dieu, à élever l'âme, à procurer des joies à l'intelligence.

Elle comprend qu'une noble splendeur environne le trône, que les arts décorent les monuments publics d'une grande nation.

Elle accorde à chacun, selon sa fortune, sa position, ses talents, une part, une large part aux jouissances légitimes.

Elle *applaudit* à toutes les belles choses que Dieu inspire au génie de l'homme, elle *les bénit*, elle les protège.

Ils la calomnient ceux qui la disent ennemie des arts et de l'industrie.

3. Ce que réprouve la Religion, c'est le luxe tout personnel, tout sensuel, tout vaniteux.

C'est le luxe qui raffine sans cesse, qui crée chaque jour des caprices qui deviendront demain des besoins toujours croissants.

C'est le luxe qui se croit noble quand il éblouit, qui met la grandeur dans le brillant, la beauté dans la parure.

C'est le luxe qui tend à confondre dans un faux éclat le riche et le pauvre.

II

CE QU'IL Y A DE BON, DE GRAND, DE SAINT DANS LE MONDE

1. Au milieu de ce monde, si méchant et si ennemi de Dieu, il y a vivant dans ce monde mais *ne vivant pas de la vie de ce monde* dont nous vous parlerons, il y a encore et il y aura toujours, grâces à Dieu, *de grands saints et de grandes saintes :* dans les familles opulentes et princières, — dans les familles enrichies par le commerce, — dans celles qui, par leur intelligence et leur éducation, donnent le ton aux autres et dominent la société.

Il y a eu et il y a encore des saints et des saintes dans les familles simplement aisées et qui entretiennent cette aisance par leur travail quotidien, — dans les familles ouvrières, vivant au jour le jour du labeur de leurs mains, — parmi les servantes qui reçoivent le prix de leur dévouement, — parmi les plus pauvres qui mendient leur pain.

Il y a des saints et des saintes partout où Dieu est connu, respecté, servi, où Jésus-Christ et l'Église catholique qu'Il a fondée sont obéis et aimés.

Tous ceux-là forment *la société chrétienne;* ils forment *ce monde chrétien* parmi lequel vous vivez, si vous suivez nos conseils, fidèles à Jésus-Christ.

Il y a, dit Bourdaloue, un monde dont la société peut être *innocente* et avec qui vous pouvez converser.

Dieu s'est réservé partout des serviteurs et au milieu des eaux qui inondèrent la terre, il y avait *une arche* qui renfermait une famille sainte et une assemblée de justes.

Jusque dans le siècle, il y a un *monde fidèle,* un *monde pieux,* un *monde,* si je puis m'exprimer de la sorte, qui *n'est point le monde.*

Ce ne sont ni les grandeurs, ni les richesses, ni l'élévation de l'intelligence, ni la puissance du génie, ni l'éclat de la beauté, ni les fêtes brillantes qui rendent criminels; c'est l'usage qu'on en fait.

Le monde maudit par Jésus-Christ n'est pas ce qu'on appelle *le monde,* par opposition à l'état religieux, ni ce qu'on appelle *le grand monde,* par opposition aux conditions ordinaires de la vie.

C'est uniquement celui dont les maximes, les sentiments, la conduite sont directement opposés aux maximes, aux sentiments, à la conduite de Jésus-Christ; qui pour devise a pris ces paroles : *Il faut être heureux sur la terre*, et qui n'attend ce bonheur que des richesses, des honneurs et des plaisirs.

2. Ce n'est pas votre monde à vous, jeunes âmes que Dieu a aimées, que si souvent a visitées Jésus-Christ et qui avez vécu si heureuses dans l'intimité de la sainte Vierge Marie.

Dans votre monde à vous, il y a certes *la gaîté* qui va si bien à votre âge, *le rire* frais qui sort si naturellement de vos cœurs, *les spirituelles reparties, le rayonnement d'un visage* qui s'épanouit dans toute sa fraîcheur, sous le regard de votre mère fière et heureuse, mais il n'y a pas la *frivolité*, la *dissipation*, les *propos malveillants*, les *mesquines jalousies*... il n'y a pas surtout cet éloignement de Dieu à qui la jeune fille mondaine a dit, comme l'enfant prodigue : *Donne-moi mon bien; j'en veux jouir à mon aise, loin de toi !*

3. Elles sont vraies aussi *les plaintes* qui s'échappent des cœurs chrétiens à la vue des *scandales du monde*.

Mais elles sont vraies aussi *les paroles d'espérance* de ces mêmes cœurs, à la *vue du bien* qui se fait dans le monde et au milieu du monde, — sans se laisser décourager ni par les moqueries, ni par les oppositions, et qui se répand, puissant purificateur, comme un parfum qui, dans l'atmosphère, atténue les miasmes putrides.

Le bien, il se fait par des œuvres dont la simple énumération remplirait plusieurs pages et qui sont désignées par les mots : *Œuvres de zèle.* — *Œuvres de charité.*

I. *Le zèle*, c'est *l'apostolat par la parole* qui expose et qui défend la vérité.

L'apostolat par la prière qui, sans interruption, demande à Dieu d'envoyer à ceux qui parlent : *son esprit* — à ceux qui écoutent : *la grâce de la docilité* — à ceux qui méprisent ou restent indifférents : *des grâces de terreur, des grâces de peines physiques et morales.*

L'apostolat par la souffrance qui répare, par des privations volontaires et par des mortifications corporelles, les joies coupables du monde.

Le *zèle,* c'est la participation — dans une certaine mesure sans doute, selon la position et selon la fortune, — à la plupart des œuvres établies soit dans la paroisse, soit dans les relations de la société.

Certes, ne veuillez pas que votre nom soit inscrit dans toutes les *œuvres* quelque importantes qu'elles vous paraissent. Vous êtes encore sans expérience; *consultez* votre mère, *unissez-vous* à elle, *formez-vous* par elle au dévouement qui doit petit à petit faire le fond de votre vie.

II. *La charité,* c'est le don de soi, de son temps, de sa santé, de son intelligence, de sa fortune, fait généreusement :

Aux enfants, dans les crèches, dans les écoles, dans les patronages, — Aux malheureux, dans les hôpitaux, dans les familles pauvres.

Oh! qu'elle est belle, qu'elle est forte, qu'elle est puissante cette armée d'âmes généreuses qui se dévoue ainsi, sans récompense humaine, sous l'inspiration de Dieu, la direction du prêtre et la conduite d'hommes valeureux!

Et ce qui est encourageant pour vous, jeunes filles, c'est que toutes ces œuvres ont eu ou pour *inspiratrices* ou pour *coopératrices* des femmes chrétiennes.

La femme chrétienne se rapprochant, par la foi et l'amour, de la personne de Notre-Seigneur Jésus-Christ, sent en elle un besoin de dévouement, d'immolation, de sacrifice qui fait d'elle un puissant auxiliaire du sacerdoce.

Elle peut être, au milieu des ténèbres, un *flambeau* qui répand une bienfaisante clarté.

Elle peut être, au milieu des miasmes corrupteurs, un *vase de parfum* qui fait rayonner la bonté, la pureté, la miséricorde de Jésus-Christ.

Elle peut être, au milieu des nuages, *une étoile* qui guide vers le Tabernacle.

Par elle, l'action réformatrice du prêtre s'étend au dehors, s'exerce sur les individus, pénètre dans les ateliers, se communique peu à peu, à tous les rangs de la société.

Par elle, se fondent et se soutiennent ces œuvres qui entretiennent la vie divine parmi les enfants, les vieillards, les abandonnés, les rebutés....

Elle a compris tout ce que rayonne de beau, de grand, de saint, ce mot de Notre-Seigneur Jésus-Christ :

Donnez.

Et elle donne, et elle se prive pour donner davantage.

Elle a compris ce que rayonne de petit, d'égoïste, de sensuel, ce mot du monde opposé au mot de Jésus-Christ:

Dépensez.

Il y a, dans cette substitution des termes, toute une révolution, dit le P. Caussette.

Donner, c'est un sacrifice — *dépenser*, c'est une jouissance.

Donner, c'est un acte de dévouement — *dépenser*, c'est un acte d'égoïsme.

Donner, c'est étudier la misère et diriger le superflu vers les régions où manque le nécessaire — *dépenser*, c'est jeter de l'or sans regarder où il tombe.

Donner enfin, c'est prêcher le désintéressement aux petits, verser du baume sur les blessures du malheureux et envoyer des leçons d'amour chrétien au monde — *dépenser*, c'est irriter la convoitise, insulter la misère et provoquer la faim et la soif des multitudes.

O jeunes filles chrétiennes, craignez le monde sans doute, mais rappelez-vous que — si vous le voulez — vous avez avec vous celui qui a dit : *J'ai vaincu le monde.*

3. Lisez cette page gracieuse qui vous dira ce que vous pouvez être dans le monde :

Souvent, au milieu des sables brûlants du désert, s'élance un vert palmier au milieu d'une onde pure et rafraîchissante.

Souvent entre les fleurs d'un rocher stérile et dépouillé, brille une fleur délicate et gracieuse qui sourit à l'œil étonné.

Souvent encore, à travers un ciel triste et nuageux, s'échappe un jet de lumière vive et pénétrante, comme un regard d'espérance à travers les larmes.

Quelquefois aussi la blanche colombe poursuivie par le vautour trouve un abri sous le toit de l'homme des champs.

Qu'est-ce que ce désert, ce rocher, ce ciel orageux, ce cruel vautour? O jeunes filles chrétiennes, c'est *le monde*; le monde où la Providence vous a placée.

Là, vous pouvez être le palmier dans le désert, la fleur sur la roche nue, le rayon de soleil à travers le nuage, la colombe qui a peur et va se cacher en toute hâte.

Non, il n'est pas nécessaire de quitter le monde pour rester vertueuse, mais, il est nécessaire d'aimer ces doux abris que, dans sa bonté, Dieu a créés pour les âmes : *la famille et la paroisse* dont nous avons parlé.

4. Tant que vous sentirez en vous l'amour de votre famille et de votre paroisse, tant que vous préférerez leurs fêtes intimes aux fêtes plus brillantes du monde, et qu'au milieu de ce monde où quelquefois vous devez aller, vous *ne perdrez pas leur souvenir*, soyez sans crainte.

Oh! les souvenirs de la famille, les souvenirs des dernières paroles d'une mère,

Les souvenirs des promesses faites à Dieu au jour d'une première communion,

Les souvenirs des joies goûtées par l'âme dans ses relations avec Dieu,

Les souvenirs des si douces, si pures, si joyeuses années du pensionnat,

Quelle force ils donnent à la volonté!

On l'a dit : *Avant de devenir méchant, on devient oublieux.* Oh! jeunes filles, n'oubliez pas!

Le *parfum* se conserve suave et odorant dans un vase
bien fermé; il ne perd sa vertu que lorsque, sans précaution, il est exposé au grand air.

La *fleur délicate* s'épanouit, fraîche et veloutée, à l'abri
de la serre qui la protège; elle se fane vite, se flé-
trit et se dessèche, exposée aux brûlants rayons du
soleil.

Abandonné en plein air, *le flambeau* s'éteint; il restera
lumineux, à l'abri du vent qui passe.

5. Jeunes filles,

l'éloignement des joies mondaines,

la modestie dans l'ensemble de votre parure,

la réserve un peu craintive au milieu des fêtes où
vous serez obligées de paraître,

l'assiduité, dans votre famille, aux devoirs qui vous
sont imposés *par votre mère*, aux jours de votre adolescence, par *votre position sociale et votre famille*, aux
jours où vous serez maîtresse de maison, l'application
de votre esprit aux choses belles et grandes,

le travail de l'intelligence dans le but si saint, non
pas seulement de savoir, mais de devenir meilleure et de
vous rapprocher de Dieu,

le désir de vous dévouer à tous ceux qui souffrent....

Voilà ce qui vous gardera toujours et dans toute votre
beauté :

La pieuse enfant de Marie.

6. Lisez, méditez, suivez ces conseils, rédigés par un
groupe de mères de familles pour leur servir de règle

dans la formation morale et intellectuelle de leurs enfants sur le point d'entrer dans le monde :

Que ferons-nous de nos filles ?

Ce que nous ne ferons pas de nos filles.

I. — Nous n'en ferons pas des jeunes filles sans Dieu, sans croyance, sans prière, *sans religion.* — Dans la lutte pour la vie, la femme a besoin, plus que l'homme, de religion, car, plus que l'homme, elle est destinée à souffrir, et, sans religion, le désespoir l'atteindra un jour et la rendra malheureuse.

II. — Nous n'en ferons pas des jeunes filles *évaporées,* n'aimant que la parure et les plaisirs; — à côté d'elles on verrait passer le jeune homme qui, cherchant une compagne, s'éloignerait en disant : c'est bien beau, mais c'est trop cher; avec une pareille femme, c'est la ruine qui m'attend.

III. — Nous n'en ferons pas des jeunes filles *inutiles* et méprisant le travail manuel, *prodigues* et ne calculant pas la dépense, *orgueilleuses* et mettant leur prétention trop haut, *rêveuses* et bâtissant des châteaux en Espagne, *ignorantes* et sans instruction.

Ce que nous ferons de nos jeunes filles.

I. — Nous en ferons des *chrétiennes,* de bonnes chré-tiennes, d'excellentes chrétiennes. Sur le terrain de la religion, allant aussi loin que possible, jusqu'à la piété solide et bien réglée. Sur ce point on ne saurait jamais trop faire ; la femme forte est toujours la femme profondément religieuse.

II. — Nous en ferons des jeunes filles *sérieuses*. La vertu sera toujours le plus bel ornement de la vierge chrétienne, un bien qui surpasse tous les autres, même la fortune et la richesse.

III. — Nous en ferons des jeunes filles *laborieuses*, aimant le travail quel qu'il soit, comme une grande chose, parce que c'est le devoir. Il y en a trop malheureusement *qui ne savent faire que la demoiselle*. Qu'on leur apprenne à préparer un repas convenable, à laver, à repasser, même à faire le pain : une excellente cuisine évite bien des frais de pharmacie ;

des jeunes filles *économes* qui sachent bien acheter et tenir compte de leurs dépenses ;

des jeunes filles *judicieuses*, comprenant qu'un honnête ouvrier en tablier, n'eût-il pas un sou, vaut mieux qu'un jeune homme élégant et vaniteux ;

des jeunes filles *positives*, laissant le romanesque aux romans, aimant la maison paternelle, se plaisant à la parer de travaux de leurs mains, et à l'orner de fleurs ;

des jeunes filles *instruites*, surtout au point de vue de la religion.

Qu'elles sachent la musique, la peinture, tous les autres arts d'agrément, pourvu qu'elles soient ce que je viens de dire ; et alors elles seront heureuses, trouveront leur voie et la Providence fera le reste.

Formées ainsi, jeunes filles, brillez, si le bon Dieu vous en accorde le don, dans la peinture, la musique, les arts d'agrément — sentez ce mouvement presque irrésistible, dont parle Mgr d'Hulst, qui vous pousse à élever toujours votre niveau intellectuel, vous saurez toujours remplir tous vos devoirs.

A cette heure, soyez la *jeune fille apôtre*, rayonnant la joie de Dieu à la maison ;

plus tard, vous serez l'*épouse dévouée* laissant Dieu le maître du foyer,

et la *mère chrétienne* faisant vivre Dieu dans l'âme de vos enfants.

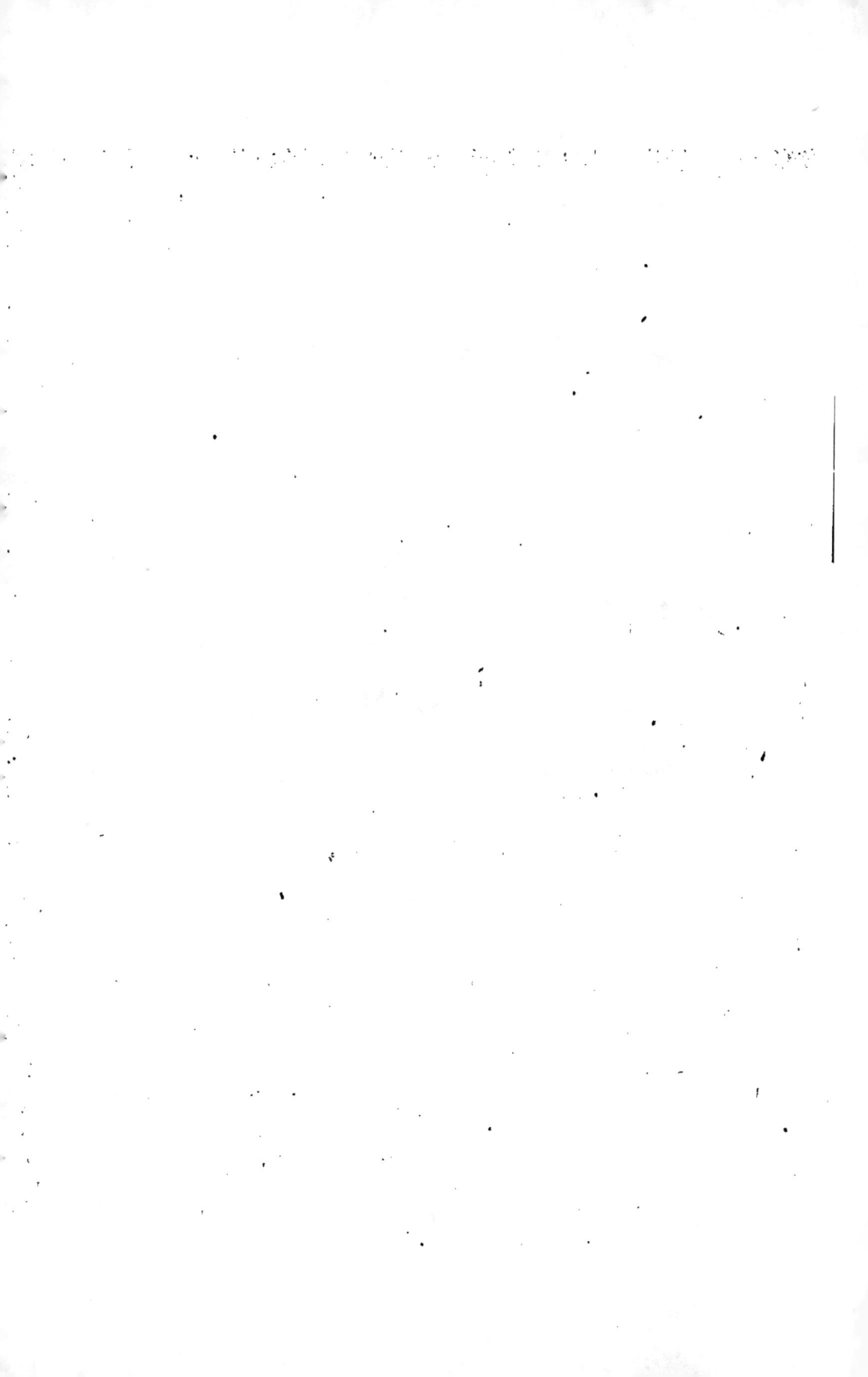

LIVRE DEUXIÈME

LA VIE DU MONDE

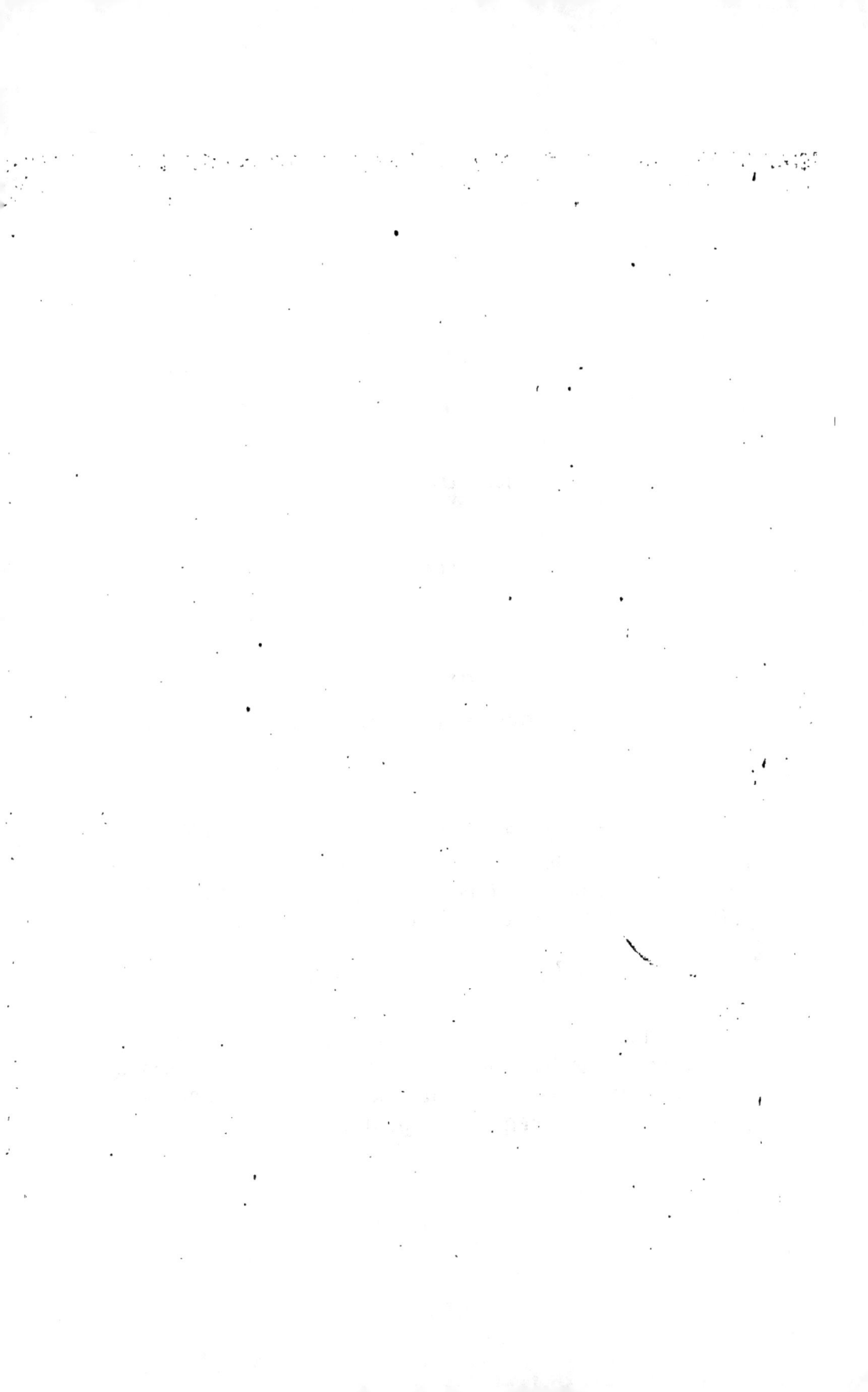

La Vie du Monde

Vie du Monde en général et but de cette vie : attirer à lui.

La *vie du monde*, est la mise en action de ces éléments de *luxe*, *d'illusions*, *de passions*, dont se compose le monde, et qui lui ont fait donner par Tacite, un auteur païen, cette affreuse définition :

Un milieu corrompu et corrupteur.

Le monde n'est pas un être *idéal*, c'est un être qui vit, et dont tous les efforts ont pour but *d'attirer à lui*, et de s'incorporer à lui, pour ne faire *qu'un* avec lui, chacun des êtres vivants qu'il peut approcher.

Rien n'indique mieux cette action attirante du monde que le *miroir aux mille facettes* que l'oiseleur, caché sous la feuillée, fait tourner sous les rayons du soleil, aux yeux des oiseaux qui, joyeux, insouciants et sans crainte, vont et viennent, voltigeant dans les airs.

L'oiseleur c'est *le démon* invisible toujours, actif toujours.

Le miroir aux mille facettes éblouissantes, finement et diversement colorées, c'est *le monde*.

Vous, innocentes et candides jeunes filles, n'êtes-vous pas *les oiseaux* qui passez, et qu'arrêtent dans leur vol les étincelles lumineuses et chatoyantes?

Dans le monde, tout est lumière, tout est fête, tout est fascination. — La vie du monde n'est qu'un perpétuel effort pour attirer à lui, et le démon donne au monde *une puissance à peu près irrésistible d'entraînement.*

C'est petit à petit, mais continuement, mais sans secousse, mais sans effrayer jamais, qu'il attire :

L'*intelligence* pour lui cacher *le vrai*, lui en faire perdre la notion et le remplacer par un *vrai factice*.

La *conscience* pour altérer en elle *la connaissance du bien*.

L'*imagination* pour la détourner du beau *réel* et lui faire aimer *l'apparence du beau*.

Les *sens* pour leur ôter leur délicatesse et les captiver par ce qui n'est que *matériel*.

Le *cœur* enfin pour le pervertir par les charmes d'une affection égoïste.

Attirer, fasciner, entraîner, enchaîner, absorber en lui, voilà *la vie du monde*.

Nous allons étudier :

1º *L'action du monde sur les âmes qu'il veut attirer à lui.*

2º *Les moyens mis en œuvre par le monde pour attirer à lui.*

3º *Les résultats de l'action du monde sur la jeune fille qu'il a attirée à lui.*

CHAPITRE PREMIER

Action du Monde
sur les âmes qu'il veut attirer à lui

I

ACTION DU MONDE SUR L'INTELLIGENCE
AU POINT DE VUE DE LA FOI

Le monde fait pénétrer le doute dans l'intelligence.

Le monde agit sur l'intelligence *en lui cachant le vrai*.

Le vrai, c'est *Dieu*,

C'est ce que nous devons croire *de Lui* et *par Lui*,

C'est ce que nous devons faire ou éviter, commandé ou défendu *par Lui*.

Le *vrai* est connu par la lumière que Dieu répand dans notre âme; notre âme voit le vrai comme l'œil, recevant la lumière du soleil, voit les objets qui l'environnent.

Or, le monde *éloigne* Dieu de l'intelligence, — le monde *cache* Dieu. — le monde *repousse* Dieu.

Il met des nuages entre Dieu et l'âme; et lentement fait pénétrer dans cette âme *des pensées de doute sur tout ce qu'elle a cru et tout ce qu'on lui a dit.*

Pauvre jeune fille, qui venait dans le monde, attirée seulement par la curiosité, gardait toute la simplicité et toute la clarté de sa foi, toute la naïveté d'une intelligence qui n'a jamais vu passer l'ombre du doute ni sur *Jésus-Christ*, ni sur *l'Evangile*, ni sur *l'Eglise*, — et elle se sent toute bouleversée par *ce qu'elle voit* et par *ce qu'elle entend*.

Ce qu'elle voit ?

Ce n'est plus — même hélas! dans sa famille et surtout dans les salons où on l'introduit d'abord en simple visiteuse — ce n'est plus *l'image vénérée du Crucifix* qu'elle était accoutumée à voir dominant, de son regard doux et paisible, chacune des salles de son pensionnat — ni ces *gravures pieuses*, si belles cependant et si artistiques, qui élevaient son âme, éclairaient son intelligence, et donnaient l'amour du beau à son goût de jeune fille.

Ces images le monde les a bannies.

Elles ne sont plus ni dans les écoles, ni sur le lit de ceux qui souffrent.

Elles feraient tache dans un salon; et — sous prétexte d'art, — elles sont remplacées par des statues et des gravures qui étonnent d'abord la jeune fille, blessent sa délicatesse, et la font presque rougir.

Ce qu'elle entend ?

· Des propos railleurs et méprisants sur tout ce qu'elle respecte,

Des attaques directes sur ses croyances religieuses,

Des négations dédaigneuses jetées en réponse à toute parole de l'Eglise.

Ce qu'elle trouve en lecture, sous sa main ?

Des livres brillamment illustrés, dans lesquels les véri-
tés religieuses sont ou passées sous silence — ou pré-
sentées autrement que l'Eglise les présente — ou atta-
quées par des affirmations opposées données sans
preuves.

Et alors, pauvres jeunes filles sans expérience, comment voulez-vous ne pas entendre murmurer à votre
âme, dans vos heures d'affaissement et de solitude, ces
tristes paroles du doute :

*Qui sait? — Si ce n'était pas vrai tout ce qu'on m'a
appris au Pensionnat?*

C'est si opposé aux instincts de la nature!

Ne les laissez pas germer en vous ces désastreuses
paroles; allez, malgré tout ce qu'il peut vous en coûter,
les redire à celui qui dirige votre âme, et rappelez-vous
ce conseil donné à une enfant au jour où elle quittait la
maison bénie qui l'avait abritée :

*Gardez votre foi dans toute sa pureté; la foi est aussi
délicate que l'innocence, et peut-être lui rend-on moins
facilement sa splendeur qu'on ne rend son éclat à l'innocence.*

II

ACTION DU MONDE SUR LA CONSCIENCE

Le monde agit sur la conscience en *altérant en elle
la connaissance du mal.*

La conscience est, au fond de l'âme humaine, *un
témoin* et *un juge :*

Témoin incorruptible d'un acte voulu,

Juge réprobateur du mal qu'on a fait.

Elle a le sens inné du bien et du mal, du juste et de l'injuste.

Elle a l'instinct de ce qui rend réellement heureux et réellement malheureux, et nous porte naturellement — grâce surtout au sacrement du Baptême — à faire le bien et à éviter le mal.

A cette conscience de jeune fille formée et conservée si droite, si simple, si délicate, par une éducation chrétienne, et qui se sent effrayée, dès qu'elle voit ou qu'elle entend quelque chose qui trouble sa paix, le monde jette, avec un sourire à peine perceptible d'abord, puis plus accentué, ces paroles perfides :

Pourquoi tel acte est-il défendu?

Par qui est-il défendu?

De quel droit est-il défendu?

Qu'y a-t-il de mauvais dans cette fête?

D'autres le font, pourquoi ne le ferais-tu pas?

Pourquoi se singulariser?

A dix-huit ans, on ne peut agir et penser comme à dix ans.

Et la pauvre enfant sent sa conscience faiblir; elle hésite longtemps....

Elle sera longue et douloureuse la lutte qu'elle aura à soutenir entre sa conscience et son devoir — et, si elle reste sans direction, sans appui, si elle ne va pas avec simplicité ouvrir son âme à celui qui remplace Dieu auprès d'elle — elle est perdue.

Avec le devoir il ne faut jamais biaiser; jamais il ne faut dire : *Non je n'irai pas jusque-là — je puis céder*

*sur ce point si peu important pour ne pas paraître
extraordinaire, mais je saurai m'arrêter.* Non, vous ne
saurez pas vous arrêter, enfant sans expérience !

III

ACTION DU MONDE SUR L'IMAGINATION

Le monde agit sur *l'imagination en lui montrant comme
la vraie beauté une beauté factice.*

L'imagination est attirée par *le beau* et aspire le beau
comme l'intelligence aspire le vrai et comme la conscience aspire le bien.

Le beau c'est ce qui se présente avec des attraits qui
attirent et qui captivent.

L'imagination est avide de ces attraits, et partout où
elle les rencontre, elle va à eux, avec impétuosité.

L'imagination a la puissance de créer des attraits, de
les supposer, d'augmenter la puissance de ceux qui se
présentent à elle.

Et à la jeune fille entourée jusque-là d'idées, de pensées, d'images illuminées par la lumière divine et ne
dépassant pas les limites de la vie de famille où tout est
si pur, si bon, si joyeux — le monde présente des idées,
des pensées, des images qui l'éblouissent d'abord et produit dans tout son être des sensations qu'elle ne connaissait pas, sensations si vives, si attrayantes qu'elle s'éprend
d'affection pour elles et désire toujours les éprouver.

Le monde, devant cette imagination si impressionnable,
fait naître ce quelque chose, plus séduisant que tout le

reste, et qu'il appelle *l'inconnu*... il l'entretient par les livres, par les spectacles, par les fêtes... et livre ainsi la pauvre enfant aux plus redoutables dangers.

IV

ACTION DU MONDE SUR LES SENS

Le monde agit sur *les sens par les plaisirs.*

Il y a en toute créature un penchant pour ce qui est *sensuel,* c'est-à-dire ce qui procure aux sens une jouissance matérielle.

Eve le sentit la première, quand le démon lui montra ce fruit mystérieux qu'elle avait vu jusque-là sans aucune émotion.

Poussée par cette indication du démon — et oublieuse de la défense de Dieu *elle vit ce fruit,* dit la sainte Ecriture, *elle sentit qu'il était beau aux regards, délectable à contempler, et qu'il serait bon à manger.*

La beauté du fruit l'a séduite, et sans se rendre compte de ce qu'elle fait, elle se penche vers ce fruit défendu... de là à tendre la main pour le cueillir, que faut-il?

Le démon ne change pas sa manière d'agir; il connaît trop notre curiosité, notre amour de l'inconnu, notre instinct de jouissances. Il met sur ce qui est défendu par Dieu un attrait que cette créature n'avait pas par elle-même... et nous dit : *Approche, regarde seulement.*

Malheur à la pauvre âme qui, écoutant cette insinuation doucereuse et hypocrite, *regarde seulement.*.

4

Non, pauvre enfant, ils n'étaient pas trop austères les
conseils qu'on vous donnait au pensionnat, non, elles
n'étaient pas trop gênantes les précautions qu'on vous
recommandait.... — Dites au démon — *au monde* qui
n'est que l'agent du démon comme l'était le serpent —
ce qu'Ève aurait dû lui dire : *Dieu ne le veut pas,* et...
plus rien.

V

ACTION DU MONDE SUR LE CŒUR

Le monde agit sur *le cœur par les charmes de l'affection.*

Elle est sainte l'affection que Dieu met au cœur.

Il est saint ce besoin d'aimer et d'être aimé qui fait
le charme de la vie, quand il grandit, s'épanouit, sous le
regard de Dieu.

Ah! sous ce regard paternel de Dieu, comme il est pur
ce sentiment, comme il est bon, comme il rend heureux,
comme il active le dévouement, comme il rend fort pour
souffrir, ingénieux pour consoler, comme il laisse toujours la paix!

Mon enfant, tant que, dans votre cœur, comme dans son
domaine à Lui, Dieu sera le maître, Dieu commandera
— tant que, dans votre cœur, vous ne craindrez pas de
laisser pénétrer le regard de votre mère, comme il y
pénétrait aux jours si purs de votre enfance, ce besoin
d'aimer et d'être aimée sera la source de votre bonheur
et de votre dévouement.

Prenez garde!

Le monde qui veut votre cœur parce que avec le cœur il a l'être tout entier, cherche avant tout à vous détourner de Dieu — à vous faire oublier Dieu — à vous montrer pénible et monotone la vie de famille — à vous révolter contre l'assujétissement sous lequel vous tient votre mère, à un âge où on sent le besoin de vivre par soi-même.

Le monde se rira de votre timidité, de votre délicatesse de conscience, de ce qu'il appelle des *enfantillages*.

Le monde vous dira simplement de comparer *les plaisirs* qu'il vous offre avec *les plaisirs* que vous trouvez dans votre vie pieuse et réservée.

Il ne vous dit pas : *Soyez à nous*, mais *voyez ce que nous sommes*.

Il sait bien que si vos yeux s'arrêtent sur les scènes de joie qu'il vous présente, votre cœur **sera** bientôt excité à les désirer, à les aimer; et il vous entraînera et vous irez vous mêler à elles.

Le monde agit sur *le cœur*, en lui enlevant sa bonté naturelle et chrétienne, par *son esprit de critique* qui détruit l'esprit de charité.

La charité est patiente; elle est bienveillante, elle supporte les défauts, elle les excuse.

L'esprit de critique est comme ces gouttes corrosives qui font une plaie sur tous les membres du corps qu'elles touchent.

Dans le monde on se fait gloire de savoir tout ce qui dans les autres est défectueux et peut leur nuire.

On veut tout dire sur le compte du prochain, et on le dit avec une malignité hypocrite qui pénètre.

Quelqu'un vient chez vous : on passe au crible chacune de ses paroles. Son extérieur, sa mise, ses intentions même, rien n'échappe à la critique.

Voilà un homme de bien, de dévouement, de mérite réel, il est vénérable par son âge, mais on lui trouve *un petit travers*, et il devient l'objet de la moquerie.

Le prêtre n'est pas épargné....

Le cœur se réveille d'abord, il accepte petit à petit, et ce qu'il trouvait inconvenant et irrespectueux, il ne le trouve que *spirituel*.

Et *la bonté*, cette fraîcheur de l'âme et du cœur qui nous faisait aimer de tous et ressemblait au parfum s'exhalant de la fleur, la bonté disparaît.

VI

CONCLUSION

Restez donc fidèles à Dieu, fidèles à Jésus-Christ, fidèles aux promesses faites à la sainte Vierge, fidèles à vos devoirs religieux dans toute leur étendue.

« Cette voix qui vous crie : *Prenez garde*, disait le Père Félix, après une instruction sur les *séductions du monde*, c'est une voix toute pleine de compassion et d'amour, une voix qui vous signale le péril en compatissant à vos faiblesses.

« Ecoutez-la, écoutez-la, cette voix amie, de peur qu'un jour, en pressant sur votre cœur navré vos bras découragés, ou en cachant dans vos mains des yeux qui n'osent plus regarder le ciel, vous ne disiez, dans une ineffable tristesse et un irréparable regret : Ah! pourquoi n'ai-je pas écouté cette voix qui me mettait en garde contre les dangers de la terre, en me montrant la voie qui devait me conduire au ciel? Ah! puissé-je vous épargner à tous, avec cette suprême tristesse, ces tardifs regrets! »

CHAPITRE DEUXIÈME

Moyens mis en œuvre par le Monde pour attirer à lui.

I

LE MONDE ATTIRE PAR LA FRIVOLITÉ

Un des moyens principaux par lequel le monde attire la jeune fille, c'est de *l'entourer de frivolité*.

La frivolité est difficile à définir.

C'est quelque chose de vaporeux, de vague, d'onduleux, de léger, de remuant, de changeant, de gracieux, de brillanté, de futile, de spirituel, de finement méchant, de superficiel... que le monde a l'art de mettre *partout, sur tout ce qu'il dit, sur tout ce qu'il fait, sur tous les êtres qu'il présente*, leur donnant par là un attrait extraordinairement puissant qui attire auprès d'eux, comme la fleur attire le papillon, les esprits sans méfiance, sans expérience et surtout sans rien de sérieux.

Le monde sait ce qu'il y a, dans presque toutes les jeunes filles : de légèreté, d'impressionnabilité, de petiles vanités, — de désir de plaire, d'être remarquées, de briller, — d'avidité de voir, de savoir, de connaître, — d'ardeur pour l'inconnu et le mystérieux....

Et c'est à cette nature bonne sans doute, mais sans expérience et sans profondeur, qu'il se montre ainsi chargé d'oripeaux; et comme ces charlatans, qui parcourent les rues, il se voit entouré, acclamé, suivi, et... imité.

La frivolité, le monde la met partout :

Dans *la parure*, vaporeuse, brillantée, jetant un certain éclat de richesse et, au fond, d'une insignifiante valeur.

Dans *les paroles* qui ne sont qu'une suite de mots à effets, affectés, mots d'une politesse menteuse, mots d'une sensiblerie qui ferait sourire, si ceux qui les entendent avaient encore le sens commun.

Dans *les conversations et les réunions* où on parle de tout — on effleure tout — on juge tout — on se rit de tout..

Dans *les ameublements d'un salon*, où tout est pour les yeux, brillant mais sans solidité et sans valeur réelle, où presque toujours la modestie et la réserve chrétienne sont sacrifiées à l'art sensuel.

Dans *l'ensemble de la vie....* Le grand bonheur c'est de paraître, la grande joie c'est de pouvoir dire : *Je me suis bien amusé.*

Frivolité, hélas! encore *dans les devoirs religieux.* On ne déserte pas encore, dans un certain monde, les églises, mais on y va pour voir et être vue, pour avoir le renom *de pieuse.* On y étale un beau livre richement relié qu'on feuillette lentement; on laisse entrevoir un chapelet à chaîne d'argent et à grains brillantés, et c'est à peu près tout.

Monde perfide! comme il connaît bien les âmes légères à qui il a à faire!

II

LE MONDE ATTIRE PAR LES DIVERTISSEMENTS

Un autre moyen par lequel le monde attire la jeune fille, ce sont *les divertissements* qu'il promet, qu'il a l'art de montrer dans une splendeur éblouissante, qu'il étale partout et qu'il met à la portée de toutes les fortunes.

N'exagérons pas — ne condamnons pas, sans exception, *les divertissements du monde;* de tous, ne disons pas : *Ils sont criminels et réprouvés de Dieu.*

Dieu est père; Dieu qui nous a placés dans le monde, veut que, là, ses enfants trouvent, avec la paix de l'âme et les douces affections du cœur, les plaisirs de l'esprit et même ces jouissances des membres et des sens qui, les reposant de leur travail, leur donnent comme une nouvelle vie, les *récréent,* comme le dit si bien notre langue française.

Nous en parlerons plus loin. — Mais ce qui est vrai, c'est que le démon cherche à jeter sur ces *plaisirs* voulus par Dieu, ce quelque chose *d'infernal* qu'il laisse partout où il passe, comme la bête fauve laisse un souffle empoisonné dans l'air qu'elle traverse. Et si quelques-uns restent innocents, vivifiants, récréants, le plus grand nombre est pour tous — et surtout pour la jeunesse — une des sources les plus fécondes de corruption.

Les divertissements du monde sont en général : *Sensuels* dans leur nature, — *Excessifs* dans leur étendue, — *Scandaleux* dans leurs effets, — *Désastreux* dans leurs suites.

I. Divertissements *sensuels dans leur nature.*

Ils offrent aux regards *des tableaux et des scènes* qu'on n'oserait pas étaler dans un salon ni surtout mettre en famille, sous les yeux de ceux qu'on aime.

Ils font entendre aux oreilles *des paroles* qui froissent tous les sentiments non seulement religieux, mais tous les sentiments d'honnêteté, de bienséance, de modestie, de candeur, blessés dans ce qu'ils ont de plus délicat.

Ils redisent *des chants* qui amollissent le cœur, qui transportent l'imagination au-delà de la vie présente, laissent rêveur quand la fête est finie et dégoûtent de la vie de famille.

Ils excitent dans l'être tout entier des enthousiasmes qui troublent et rendent incapable de tout travail sérieux et surtout de tout dévouement.

II. Divertissements *excessifs dans leur étendue.*

1. Excès *dans le temps* qu'on y emploie et qu'on dérobe aux devoirs imposés par la position.

Avant les jours de fête, l'imagination s'exalte, l'esprit se préoccupe. — Pendant la fête, on s'abandonne sans réserve. — Après la fête, viennent la fatigue, la difficulté de reprendre le travail ordinaire, les déceptions presque toujours écrasantes.

Et que deviennent les devoirs d'état? Que deviennent les soins de la maison et de la famille? Que deviennent les prières dues à Dieu?

N'est-ce donc rien, dans la vie, qu'une semaine perdue pour le travail intellectuel ou matériel, pour le dévouement, pour la charité, pour la piété?

2. Excès *dans les dépenses* exigées par ces divertissements, et qui nécessairement amoindrissent les aumônes et bien souvent gênent, au moins momentanément, les familles.

3. Excès dans les préoccupations, dans l'attachement et dans l'ardeur avec laquelle on se porte à ces fêtes. Et la suite de ces préoccupations, c'est le ralentissement du travail — l'aigreur du caractère — l'indépendance de l'esprit — les difficultés du dévouement — les pensées égoïstes, vaniteuses, lâches, sensuelles, pénétrant, par toutes les fissures faites au devoir, dans l'âme et dans le cœur.

III. Divertissements *scandaleux dans leurs effets.*

L'exemple d'une amie que vous avez vue brillante, flattée, heureuse, vous a séduite; sa parole enthousiaste vous a entraînée. — Et vous, à votre tour, vous entraînerez d'autres amies.

Enchaînement fatal, qui peut rendre chacune coupable des fautes de toutes.

C'est un mot terrible dans ses conséquences que le mot *scandale*, et le mal qu'il produit épouvante.

Le voleur dépouille des richesses, il ravit l'or.

Le médisant dépouille de l'honneur, il ravit la réputation.

L'assassin arrête le cours de la vie, il tue.

Le scandaleux détruit l'innocence, la vie de l'âme, il chasse Dieu.

Et Dieu chassé d'une âme, c'est dans cette âme : l'horreur de la nuit, — la solitude du désert, — la terreur, la malédiction, le désespoir; — c'est l'enfer.

IV. Divertissements *désastreux dans leurs suites.*

1. Ecoutez le bon saint François de Sales vous dire :

Toutes les fois que les petits agneaux quittent la bergerie et passent auprès des buissons, ils y laissent un peu de leur laine.

Jeunes filles, doux et petits agneaux du bon Dieu, toutes les fois que vous prenez part aux *divertissements du monde* — à moins de vous entourer des précautions minutieuses dont nous vous parlerons — vous y laissez un peu de votre candeur — un peu de votre simplicité — un peu de votre piété.

De ces divertissements du monde, si différents, vous le sentez, des divertissements du pensionnat et de la famille, il se dégage une *poussière invisible* qui s'attache à l'âme, au cœur, à l'esprit, comme la poussière matérielle s'attache aux vêtements.

N'est-il pas vrai qu'au retour d'une soirée, alors même que vous revenez, le sourire sur les lèvres, et l'âme sans remords, votre robe blanche si fraîche, à la première heure, a perdu de sa fraîcheur, et que les fleurs si rayonnantes que votre mère avait mises dans vos cheveux ont perdu un peu de leur vie?

Votre âme aussi, mon enfant, votre esprit, votre cœur, ont, eux aussi, perdu *quelque chose.*

2. Les divertissements du monde n'ont pour effets aux premiers jours : que de petites joies et des petits froissements de vanité, mais vite oubliés, — de légers troubles ressentis à peine par l'âme et par le cœur, mais vite apaisés.

Ils ne dégoûtent pas encore des joies de la famille; ils ne détournent pas encore de la prière ni des rapports intimes avec Dieu : mais, ils préoccupent un peu — ils sont désirés — ils ralentissent par moment le travail, et mettent un peu de vague rêverie dans l'esprit.

Ils sont demandés au père et à la mère plus fréquents, plus prolongés : Ils font aspirer à des joies nouvelles, — et peu à peu, ils envahissent l'esprit, ils exaltent l'imagination.

Alors, commence cette vie de frivolité, de dégoût de la vie ordinaire, de besoins nouveaux. Cette vie qui a un nom à part, et qui s'appelle la *vie mondaine*, vie de caprices et vie de déceptions.

Ecoutez ce qu'en dit un homme du monde :

« Au milieu de cette vie de dissipation, l'esprit s'épuise et l'âme s'évapore. Hélas! de cette jeune fille innocente, il ne reste qu'une femme légère, courant de visite en visite.

La musique et la danse déjà lui tiennent lieu de pensée; puis viennent les spectacles et la parure, puis les caquets du monde, puis les vains désirs et les vains plaisirs, et, au bout de tout cela : *le vide, le vide le plus effrayant et le plus complet*.

Quel train de vie! ne dirait-on pas que l'intelligence ne lui fut donnée que pour *se lever, s'habiller, babiller?* C'était bien la peine d'unir avec tant de soins ces talents d'artiste et cette innocence d'enfant, pour jeter au monde une victime de plus, victime charmante, victime ornée, et puis, c'est tout.

Aussi quelle indifférence dans ces femmes pour les affaires importantes, et quelle ardeur pour les frivolités ! Leur âme, sans cesse agitée par les fantaisies du jour, se tourne avec passion vers les choses du néant ; c'est pour ces choses qu'elles se déguisent, se contrefont, se torturent ; qu'elles souffrent le froid, le chaud, la faim ; qu'elles détruisent leur santé, qu'elles hasardent leur vie. » (Aimé Martin).

J'ai connu des jeunes filles, dit un évêque, Mgr Luquet, que le bon Dieu avait bien douées : un beau nom, une belle fortune, et qui se sont perdues sous les yeux de leurs parents, dans les salons de leurs mères. Ce qui se dit dans les meilleures réunions est inimaginable. Le diable se cache en certains salons, mais il n'en est pas moins redoutable ni moins obéi.... On prétend, par exemple, que la position oblige à laisser les filles aller dans les *bals d'enfants*, invention du diable, trois ou quatre fois la semaine. On se dit pour s'étourdir, en les menant à d'autres soirées : *Tous les parents font ce que je fais — je ne puis me distinguer en faisant autrement que les autres — mes fils et mes filles ne trouveront pas à se marier convenablement* — et là, on voit, on entend, on apprend, on retient, ce qui fait rougir aux premiers jours, et laisse petit à petit dans une indifférence qui sent la mort de l'âme.

Croyez-vous, Mesdames, disait le Père de Ravignan à une réunion de mères de famille, croyez-vous que lorsque les bouquets de vos filles sont fanés, après une soirée mondaine, *le lis de leur cœur ne l'est pas?*

III

CONCLUSION

Nous n'avons pas le courage de faire d'autres citations sur les effets de cette vie de *frivolité* et de *divertissement* qui sont la base de la *vie mondaine.*

Voici seulement quelques vues de la vie du monde, photographiées par une des victimes de cet engrenage dont on ne peut s'arracher que bien difficilement, une fois qu'on s'est laissé prendre.

I. Une confidence.

Deux jeunes filles — 22 ans, 18 ans — deux amies dont la plus jeune venant de sortir du Pensionnat, éprouve un violent désir d'aller dans ce monde qu'elle n'a vu qu'à travers son imagination et que lui ont montré pleins d'attraits quelques pages lues en se cachant de sa mère.

— Tu t'imagines donc, dit à sa jeune compagne celle qui a été forcée par sa position de fréquenter le monde et qui — grâce à l'instruction pieuse et forte qu'elle a reçue, ne l'aime pas et sait bien qu'elle ne l'aimera jamais — tu t'imagines donc que c'est bien beau, bien amusant, bien distrayant une soirée telle que celle où tu rêves d'aller?

Ah! ma pauvre amie, j'y vais moi dans ces soirées, j'y vais parce que... si tu savais ce que je souffre! mais bénies soient mes souffrances, béni soit l'écœurement que je sens! Grâces à cela, je ne les aimerai jamais et je m'en détacherai, dès que je le pourrai.

Ecoute; je ne l'invente pas, et ce que je puis te dire n'est qu'un côté bien acceptable encore : *il n'est que méchant, il n'est pas corrupteur.*

Tu t'imagines que c'est pour le plaisir d'admirer, que chacune va regarder et disséquer à fond la toilette de sa voisine, et tu supposes que ce sont des *compliments* qu'on se chuchotera avec des sourires officiels derrière les éventails. Ce qui se dit, je l'ai entendu :

Regardez donc, ma chère, quelle caricature! Peut-on se fagoter ainsi?

Avez-vous vu ces diamants? si ce n'est pas ridicule, quand on habite un cinquième, d'étaler cette verroterie!

Jusqu'à quel âge cette pauvre Madame X..., s'habillera-t-elle comme si elle avait seize ans?

Et ça va, ça va! Et il y en a pour tout le monde.

Personne qui ne soit égratigné, lacéré, éreinté; et ce n'est que justice, puisque chacun égratigne, lacère, éreinte.

Là, c'est *la vanité* dans ce qu'elle a de petit, de mesquin, de méprisable.

Là, c'est *l'hypocrisie* dans toute sa bassesse.

Là, c'est le mensonge....

La condition importante pour réussir dans le monde, c'est de s'envelopper d'une vie artificielle; tout ment dans ces réunions : *l'âge, la physionomie, la parole, le sentiment.*

Et à côté de ce que, après tout, on pourrait peut-être ne flétrir que du nom de *futilités*, il y a les choses humiliantes dont je ne puis te parler, ma pauvre enfant!

II. Une page de Mgr Mermillod.

Non, n'en parlons pas; et finissons ce chapitre sur la *vie du monde*, forcément incomplet et cependant capable de donner à réfléchir, par la belle page de Mᵍʳ Mermillod, faisant le tableau des mécomptes de ces chrétiennes qui, oubliant les promesses de leur baptême, se tuent à chercher *le bonheur* dans les joies de la vie mondaine.

« Tristes victimes du monde, ô femmes, qui avez vieilli, qui avez subi l'irréparable outrage des ans, avant même les désastres de l'âge, quels ne sont pas vos mécomptes quand Dieu vous condamne *à assister à votre sépulture, toutes vivantes?*

Elles ont brillé un jour, puis elles sont tristement oubliées.

Feux d'artifice qui ont eu leur rapide éclat, *gerbe éblouissante d'étincelles* dont il ne reste bientôt que les débris d'un papier fumeux et noirci que le passant dédaigne et foule d'un pied méprisant.

O pauvres âmes! que de sollicitudes vous agitent au seuil de cette réunion mondaine où vous entrez, inquiètes de voir s'il n'y aura pas des fleurs plus fraîches, des diamants plus brillants, de plus gracieux sourires.

Puis, quand on a tourbillonné comme le papillon volage, on rentre au foyer, l'âme blessée, le cœur plein d'amertumes secrètes ; on souffre d'un succès qui a manqué et des triomphes d'autrui qui ont éclipsé les vôtres.

Un lendemain de fête, je voudrais voir l'une de ces victimes de la veille entrer dans la salle désertée.

La musique a cessé, le silence règne, les lumières sont éteintes, les fleurs s'inclinent languissantes et flétries, le désordre est partout ; partout la triste poussière sur ces meubles qui reluisaient aux feux des flambeaux. C'est une vallée silencieuse, d'où les oiseaux chanteurs de la veille ont disparu.

Ah ! c'est bien là la peinture de *l'âme mondaine !*

Les lumières de la conscience vacillent, les fleurs de la foi et de la pureté sont fanées, les meubles de ses vertus sont en désordre, et la poussière d'une vie frivole couvre et obscurcit toutes les facultés.

Quand cesserez-vous de vous draper et de vous poser comme sur une scène de théâtre, véritables incarnations du mensonge ? »

III. Avis pratiques.

Faut-il donc se refuser dans le monde tout divertissement ?

Non, certes : il est des divertissements *permis*, il en est de *nécessaires*.

Ecoutez ce qu'un père de famille parlant à ses enfants entend par ces mots *plaisirs permis* :

. Les plaisirs que je veux pour vous, sont ceux qui excitent modérément,

Ceux qui se présentent fréquemment plutôt que ceux qui durent longtemps, '

Ceux qui, finis, laissent le corps fortifié et l'esprit libre, pour reprendre joyeusement les devoirs de tous les jours,

Ceux auxquels on se livre en présence de sa famille ou d'amis respectables et dévouées, et pour lesquels on ne sent nullement le besoin du mystère,

Ceux qui laissent l'âme dans sa douce paix; auxquels on pense *sans agitation* avant de s'y livrer, et *sans trouble ni remords* après les avoir goûtés.

Ceux enfin que sanctifie *le respect de soi-même* et qui ne font pas oublier que *la vie a un but plus élevé que l'amusement*.

« Le plaisir est une des fonctions de l'homme, dit un peu superficiellement Lamartine; et ce n'est pas en vain que la nature a donné le sourire à nos lèvres : seulement il faut que le plaisir soit innocent, délicat, spirituel, gracieux, et qu'on ne rougisse jamais d'avoir joui. »

CHAPITRE TROISIÈME

Résultats de l'action du Monde sur la jeune fille qu'il a attirée à lui.

Le résultat de l'action du monde, au point de vue surnaturel, sur *l'âme* de la jeune fille est déplorable — nous venons de le voir.

Le résultat de l'action du monde, au point de vue naturel, sur l'être tout entier de la jeune fille, est aussi bien triste, et en l'indiquant, nous devons dire ce que disait un évêque — Mgr Le Courtier — dans une retraite prêchée à des dames : « Hélas! je devrais rougir, m'humilier, vous demander pardon de mêler à l'Evangile des motifs si tristement mondains : *Je parle humainement, je parle en insensé, c'est vous qui m'y forcez.* » (S. Paul).

C'est à lui que nous empruntons les pages qui vont suivre et qui n'ont pu être écrites que par un homme d'expérience, un esprit pénétrant et une âme sacerdotale.

I

Une personne qui aime le monde a l'esprit faussé.

Elle met la plus grande importance aux plus puériles bagatelles, le frivole lui paraît l'essentiel de la vie; toutes les qualités de l'esprit et du cœur se résument pour elle dans la façon d'une robe, et elle juge de la valeur personnelle par le mérite d'une ouvrière.

Une vie de coquetterie, d'oisiveté, de frivolité, de vanité, d'égoïsme, de sensualité, de mollesse, lui paraît la seule vie comprise et entendue; on tarife les individus sur ce qu'ils possèdent et sur ce qu'ils dépensent.

A force de s'habituer à cette optique, que voulez-vous que la femme soit dans l'intérieur, dans la famille, dans l'éducation des enfants, dans les relations de la société, dans ses lectures, dans ses goûts et jusque dans ses devoirs religieux? Un esprit faux et une petite personne avec laquelle il n'y a point à raisonner.

II

Une personne qui aime le monde a le cœur affaibli et entamé.

La bagatelle est son idole, le succès son Dieu; et les succès les plus ambitionnés dans le monde coûtent toujours fort cher; l'envie les fait payer par des larmes, et ils sont toujours déplorables, lors même qu'on n'est pas obligé de les pleurer.

Voyez au contraire la femme qui n'aime pas le monde, qui use du monde comme n'en usant pas. Elle a le cœur *libre et heureux*. Elle reste fidèle et intègre dans le vrai, centre de son bonheur; le monde n'est pour elle qu'un rayonnement de délassement; elle échappe, par sa modestie, à la jalousie cruelle; et si elle a quelques sacrifices à faire, ils sont richement couronnés par une auréole de dignité, d'estime, de respect, de considération pleine de confiance.

III

Une personne qui aime le monde voit même se dénaturer la grâce et le charme de sa beauté extérieure.

La beauté consiste, sans doute, comme *type* original, dans cette pureté de lignes que la main du Créateur a délicatement tracées sur le visage de l'homme. Mais la dégradation des lignes est lente et longue jusqu'à ce qu'elle arrive à l'état voisin de la laideur ou de la difformité. — Dans tous les cas, cette beauté typique est *la beauté des statues.*

La beauté consiste, surtout et avant tout, dans le juste reflet de l'âme sur nos traits, dans ce reflet qui vient allumer dans les yeux un feu intelligent et doux — répandre sur les lèvres la bienveillance et l'affabilité — donner à tout l'ensemble ce je ne sais quoi de gracieux qui fait oublier les lignes, couvertes qu'elles sont par les riches couleurs de la modestie et de la bonté.

La beauté *est réellement dans l'âme;* le visage n'est que le siège d'honneur où elle vient s'asseoir pour communiquer avec les hommes.

Or, d'après ce principe vrai, je soutiens qu'une femme *captivée par le monde, éprise du monde,* dénature les avantages extérieurs auxquels elle tient tant et trop.

Préoccupée de mille frivolités, du pli et du reflet d'une étoffe, du jeu d'une parure, — absorbée en elle comme dans une idole — préoccupée de l'effet qu'elle produit, du succès qu'elle ambitionne — elle dénature sa taille, sa pose, son regard, jusqu'à sa voix.

Il n'y a plus, en elle, ni naturel, ni aisance, ni allure vraie, ni dignité de maintien; elle devient guindée, minaudière, toujours à faux, quand elle ne va pas jusqu'à se rendre complètement ridicule.

Si, plus habile, et vous livrant moins, vous ne voulez que composer l'extérieur et faire jouer à votre âme un rôle emprunté sur le théâtre de la physionomie, vous ne réussirez pas davantage.

Vous aurez beau, dans le seul intérêt de vos succès mieux calculés :

Admettre la simplicité par coquetterie, et la modestie par raffinement d'amour-propre,

Simuler sur la scène une douceur que vous n'avez pas, — un oubli de vous quand vous êtes absorbée en vous-même, — une bienveillance qui n'est que de l'égoïsme,

Prodiguer même aux autres des éloges qui grimacent parce que leurs succès vous rongent le cœur,

Vous ne parviendrez pas à refléter sur vos traits *la beauté qui vient de l'âme*, parce que votre âme est toute prise par l'amour du monde; et vous rappellerez à ceux qui vous estimaient et qui n'ont pu vous détourner de cet amour du monde, que le beau se définit : *la splendu vrai*, que *rien n'est beau comme le vrai*, que *le vrai est seul aimable* — et cette autre pensée : *Plus Dieu est dans une âme, plus cette âme reflète Dieu, l'éternelle beauté.*

IV

Une personne qui aime le monde perd petit à petit le sens religieux.

Le *sens religieux*, c'est l'habitude de vivre avec Dieu comme on vit en famille; c'est la crainte filiale de Dieu qui retient dans le devoir, à l'heure où la sensualité essaierait d'entraîner; c'est le besoin de recourir à Dieu, de se recommander à Dieu, d'attendre tout de Dieu.

Le *sens religieux* est la richesse, la parure, la gardienne de la jeune fille.

Le monde sait que tant que ce *sens divin* sera en vous, vous échapperez à son influence, aussi sa grande préoccupation est de l'affaiblir, de le fausser, de le détruire.

Et pour cela, ce ne seront pas, tout d'abord, des *paroles impies ou licencieuses* qu'il vous fera entendre — ce ne seront pas des *conseils indélicats* qu'il vous donnera, ni à des *fêtes sensuelles* qu'il vous invitera.

Il vantera hypocritement votre candeur, il louera votre crainte naïve, il sourira délicatement à votre timidité — il prendra en pitié votre isolement, regrettant pour vous des joies qui iraient si bien à votre âge.

Il trouvera un peu exagérée, sans la blâmer certes, la surveillance de votre mère, et il vous mettra en rapport avec des jeunes filles dont il vous vantera la délicate retenue.

Pauvres illusionnées!

Dieu, sans doute, ne sera pas chassé, tout à coup; mais il sera relégué discrètement hors de votre intelligence et de votre cœur.

Dieu ne régnera pas sur les actes de votre vie, il ne réglera plus vos sentiments.

Il restera, pendant un temps plus ou moins long, dans votre vie de chrétienne, *quelques pratiques pieuses, quelques prières murmurées du bout des lèvres, quelques messes entendues, quelques sermons d'apparat écoutés par curiosité ou vanité*, mais quant à aimer Dieu et le servir sincèrement, de tout votre cœur, vous n'y songerez plus.

Hélas! Elles sont nombreuses ces jeunes filles, autrefois pieuses, vivant ainsi sans remords, jouet d'une illusion désastreuse, trompées par le monde qui leur présentait comme *la religion véritable, ce qui n'en était que l'indigne parodie*.

*

Chères enfants, prenez garde.

Le monde vous promet *la liberté*, et il fait de vous des *esclaves*.

Le monde vous promet des *joies*, et il vous soumet aux plus pénibles et aux plus avilissants *sacrifices*.

Sacrifice de *votre foi*. — Il vous veut incrédules, indifférentes au moins.

Sacrifice de *votre santé*. — Il l'affaiblit et la compromet par des plaisirs énervants, des veilles prolongées, des modes qui torturent.

Sacrifice de *vos goûts*. — Il contrarie toutes ces bonnes habitudes de vie de famille, de travail régulier, de fêtes intimes, qui rendaient si douce votre vie de tous les jours.

Sacrifice de *vos idées*. — Il exige que vous *ne pensiez plus* que comme lui, que vous *ne jugiez plus* que comme lui, que vous *n'aimiez* que ce qu'il aime.

Sacrifice de *votre conscience*. — Il la torture, il la fausse, il l'aveugle. Piété, sincérité, dévouement, tout disparaît.

Et une fois au monde, c'est pour longtemps, pour toujours peut-être. Despote impérieux, il vous enlace dans une chaîne de fer dont un miracle seul peut vous délivrer.

LA VIE DE LA JEUNE FILLE

DANS LE MONDE

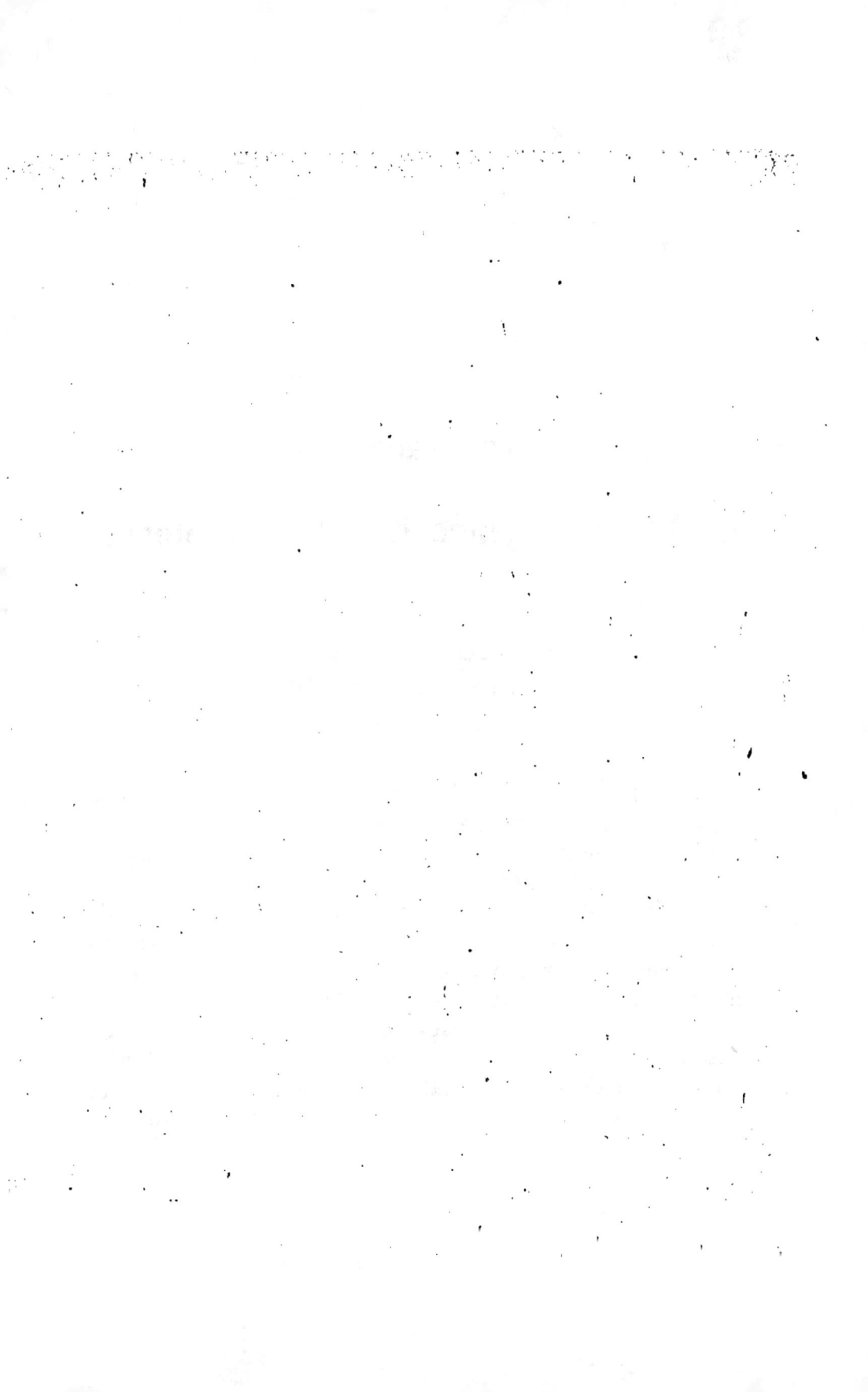

La Vie de la jeune fille dans le Monde

Ce qu'on entend
par la Vie dans le Monde.

Ce chapitre a pour but de vous indiquer ce que *vous devez être* et *ce que vous devez faire* au milieu de ce monde dont nous venons de vous dire la frivolité, l'hypocrisie, les attraits séduisants.

Monde, dans lequel vous n'aurez pas à vivre sans doute d'une manière continue — dont surtout vous n'aurez ni à accepter, ni encore moins à partager les idées, mais avec lequel vous aurez forcément *des relations.*

Les idées du monde, l'esprit du monde, la vie du monde essaieront bien de s'insinuer en vous et de s'implanter en vous, mais votre éducation chrétienne, les habitudes de justice et de probité de votre famille, vos sentiments

religieux, alors même qu'ils n'auraient plus la vivacité
de votre adolescence, les pratiques de piété que, nous
sommes en droit de l'espérer, vous ne laisserez pas
— vous préserveront de son influence.

Mais vous ne pourrez pas — malgré votre amour de
la vie de famille — vous soustraire à toute relation avec
le monde.

Ces relations peuvent être : des relations de parenté,
— des relations d'amitié, — des relations de position, —
des relations de convenance, — des relations de simple
voisinage, — des relations d'affaires, — des relations
d'occasion.

Elles seront plus ou moins intimes, selon que le monde
dans lequel vous serez forcées de vous trouver, plus ou
moins fréquemment, sera : un monde chrétien, — un
monde indifférent, — un monde superficiel, — un monde
païen.

Ces dernières relations, vous devrez énergiquement les
repousser ou les briser, si vous voyez qu'elles soient
dangereuses pour votre *foi chrétienne*, pour votre *hono-*
rabilité, pour *la sainteté de votre conduite* ou pour *la*
paix de votre famille.

Il est des heures où doivent être prises à la lettre ces
paroles de Notre-Seigneur Jésus-Christ : *Si ton œil, si*
ta main, si ton cœur sont pour toi un sujet de scandale,
c'est-à-dire *de la perte de ton âme, arrache ton œil,*
coupe ta main, déchire et brise ton cœur.

C'est pour vous diriger dans ce monde, si différent
de celui du pensionnat et de celui de la famille, que
nous allons vous dire :

I. Ce que doit être la vie d'une jeune fille dans ses relations avec le monde.

II. Ce qui s'oppose à l'action bienfaisante de la jeune fille dans ses relations avec le monde et ce que doit faire la jeune fille pour résister à cette opposition.

III. Quelles doivent être les relations d'une jeune fille avec le monde.

CHAPITRE PREMIER

Ce que doit être la Vie d'une jeune fille dans ses relations avec le Monde.

La vie d'une jeune fille dans le monde doit être :
1º *Une vie sanctifiante.*
2º *Une vie exemplaire.*

ARTICLE PREMIER

La Vie d'une jeune fille dans ses relations avec le Monde doit être une Vie sanctifiante.

1. La jeune fille, dans le monde, doit rester toujours cette *pieuse enfant de Marie* qu'elle a été au pensionnat et dans sa famille.

Elle doit toujours avoir dans la pensée ce modèle aimé, *la très sainte Vierge*, que lui ont montré si pur, si saint, si simple, si dévoué, les derniers chapitres de notre premier volume.

Elle doit toujours se dire : Ce que Marie *était*, je puis l'être. — Ce que Marie *a fait*, je puis le faire. — Ce que Marie *aimait*, je puis l'aimer. — Dieu était avec elle, Dieu sera avec moi. — Dieu agissait par elle, Dieu agira par moi.

Mais elle doit ajouter à ce titre *d'enfant de Marie*, cet autre titre *plus spécial* dans la vie du monde, plus extérieur, plus nécessaire en quelque sorte, parce qu'il donne plus de courage et demande, pour être mis en œuvre, une volonté plus énergique : Le titre *de forte et vaillante chrétienne*.

Jusque-là, dans sa famille, la mission de la jeune fille avait pour but *d'être bonne* et *d'être utile*, de *rendre heureux* ceux qui l'aimaient, *d'alléger* leurs peines et de *partager* leurs travaux.

Mais puisqu'elle est appelée à voir le monde, à avoir avec le monde des relations, d'abord peu fréquentes, mais qui deviendront peu à peu plus étendues et, en quelque sorte, de temps en temps au moins, *nécessaires*, sa mission, qui dans sa famille reste toujours la même, prend avec ces relations un autre but.

Peut-être trouverez-vous notre parole un peu exagérée, elle ne l'est pas :

Jeunes filles, vous devez sanctifier le monde !

2. Vous à qui Dieu a donné de l'intelligence, une famille estimée, honorée, qui a tenu à faire de vous une jeune fille instruite, vous dans l'âme de qui Dieu a mis, avec un profond sentiment de piété, la sainte ambition, encore vaguement déterminée mais réelle, *de faire du bien*, l'aspiration vers tout ce qui est beau et grand,

5

et qui sentez en vous grandir le sentiment de la dignité et du dévouement — votre mission est d'employer ces dons de Dieu à *sanctifier* le monde au milieu duquel vous allez vous trouver.

3. Ne vous récriez pas, *la sanctification des autres* peut se faire de bien des manières et se faire sans éclat; se faire sans renoncer à rien de ce que demande votre position quelle qu'elle soit.

La *sanctification* qui doit rayonner de vous, jeunes filles, n'est pas :

Celle de *l'apôtre* qui prêche, qui entraîne, qui va à la recherche des pécheurs,

Ni celle de *la femme vertueuse* qui, au dévouement qu'elle montre pour les œuvres catholiques, joint l'éclat d'un nom et d'une position sociale qui impose le respect,

Ni même celle de *ces personnes fortement pieuses* qui, dans une condition ordinaire, ont pris, par la puissance de leur vertu, un ascendant sur la jeunesse et qui les a rendues les conseillères, les confidentes, les soutiens d'un grand nombre.

Non, l'heure viendra peut-être; mais votre influence et votre apostolat sont plus restreints, ils se font presque à votre insu.

Ils n'entraînent pas directement, mais ils pénètrent doucement dans les âmes. — Ils font naître une bonne pensée, un regret du passé mal employé, un souvenir ému des premières années pieuses, un remords peut-être. Ils font dire :

Voyez donc comme cette jeune fille est gracieuse — comme elle est bonne — comme sa présence fait du bien

— *comme elle est réservée, pieuse, dévouée — comme
on aime à la voir !*

4. Un prêtre parlant à des jeunes filles, leur disait,
après quelques paroles vibrantes sur le zèle :

« Vous me demandez peut-être ce que vous pouvez
dans le monde, vous, encore novices dans la vie — vous,
sans expérience — vous, ne pouvant encore disposer de
beaucoup d'argent.

Ah! mes enfants, *vous pouvez beaucoup;* et je suis
dans le vrai en disant : *vous pouvez tout;* et il ne vous
est pas permis de vous résoudre à *ne rien faire.*

Lorsqu'une calamité s'abat sur une nation, chacun doit
payer de sa personne pour la conjurer. Ne voyez-vous
pas l'Enfer déchaîné pour perdre les âmes, le prêtre
chassé, les églises désertes, les fêtes et les théâtres atti-
rant la jeunesse?

C'est vous, jeunes filles intelligentes et pieusement
élevées, vous à qui Dieu a donné avec ce rayonnement
divin qui charme, un peu de loisir et un peu de bien-être,
c'est vous qui devez, sous la direction du prêtre, devenir
l'auxiliaire du bon Dieu pour sauver les âmes.

Avant tout *soyez pieuses,* c'est-à-dire vivez avec Dieu
de cette vie de famille qui vous est si douce et qui vous
rend si heureuses près de votre père et de votre mère
— ne faites rien sans lui.... Vous êtes, comme je le suis
moi, prêtre, mais à un degré différent, *un instrument*
entre les mains du divin Ouvrier.... Il travaillera pour
vous.

A la prière joignez *la bonté, la bonté expansive.* Oh!
la bonté! qui dira sa puissance!

On ne vous demande pas d'avoir un extérieur agréable, une brillante toilette, de grandes connaissances, une parole facile, un talent de musicienne ou de peintre.... Non ; dans certains milieux, c'est souvent un obstacle.

Ce qu'on veut de vous c'est *un bon cœur*.

Soyez douces, indulgentes, patientes, sachez compatir aux maux d'autrui, et vous courber, souriantes, vers les plus petits et les plus pauvres.

Ne vous rebutez pas d'une grossièreté, ni d'un manque d'égards....

Nul, mes enfants, ne résiste à une jeune fille que l'on voit toujours prête à rendre service, toujours aimable, toujours compatissante... et par instinct, on se sent disposé à ne rien lui refuser.

On viendra à vous et vous mènerez à Dieu.

Voilà votre mission pour sanctifier le monde. »

ARTICLE SECOND

La Vie d'une jeune fille dans le Monde doit être une Vie exemplaire.

1. *L'exemple* est le moyen que doit employer la jeune fille pour sanctifier le monde. Ce moyen est à la portée de toutes les jeunes filles :

De la jeune fille *timide* qui n'ose ni donner un conseil ni faire le plus léger reproche,

De la jeune fille *inexpérimentée* qui n'a vu le monde qu'à travers sa famille, qui sent, plus qu'elle ne le voit, ce qu'il y a de défectueux dans ceux qu'elle approche, mais qui est assez sage pour comprendre qu'elle n'a aucun droit pour blâmer ou pour diriger,

De la jeune fille *dépendante encore*, qui ne peut rien faire sans le conseil et l'appui de la famille.

2. L'exemple résulte de *la condition extérieure* simple, sans apparat, mais constante, dans la pratique des devoirs qu'imposent la situation et les relations; il a pour effet *d'entraîner* à l'imitation de ce qui se montre au dehors; c'est une lumière qui éclaire et attire.

L'exemple rayonne de la manière dont la jeune fille *passe dans les rues* en accompagnant sa mère, ou accompagnée elle-même d'une bonne. Elle va; sa mise est correcte, élégante même, mais sans affectation.

Son regard porté en avant est plutôt baissé que fixe et vague.

Son visage souriant, mais sans préoccupation, reflète, comme on le disait de Madame de Chantal, la beauté de son âme qui lui composait une parure d'innocence et de modestie à laquelle rien ne peut se comparer.

L'exemple rayonne dans la manière de marcher, de s'arrêter, de parler, de recevoir un compliment.

L'exemple rayonne dans *l'Eglise* surtout par la *piété* qui se montre en toutes choses : fidélité aux offices — tenue respectueuse — bienveillance pour les petites exigences des autres — régularité dans la réception des sacrements....

3. « J'ai, dit Msr Gilly, s'adressant à des jeunes filles, j'ai lu, dans un journal mondain, une phrase échappée sans doute à la plume légère de l'un de ses rédacteurs;

elle vous montrera de *quelle influence* vous disposez presque sans rien faire, en vous montrant simplement telles *que vous êtes, que vous voulez et que vous devez être.*

Ce rédacteur était allé, par simple politesse, assister à une messe de deuil à l'église de la Madeleine, à Paris. Comme il n'entendait remplir qu'un devoir mondain, il se préoccupa peu de la messe et porta toute son attention sur l'auditoire.

Ecrivant, le soir, ses impressions, il rendit hommage au recueillement, à la piété et au respect pour le lieu saint, des dames qui étaient là, et ajouta : *C'est là que devraient se rendre toutes les femmes qui ont le désir de plaire; elles y prendraient une excellente leçon. Combien ne serions-nous pas plus heureux en leur compagnie, si elles ressemblaient toutes, même de loin, aux femmes que j'ai vues là !* »

4. L'exemple rayonne dans la facilité à accepter, sans se montrer ni froissée, ni impatiente, les idées opposées aux nôtres, — dans le support d'une contrariété, — dans l'attention à ne faire souffrir personne et à souffrir soi-même, sans trop le montrer, de ceux qui nous entourent.

L'exemple rayonne encore d'une parole ordinairement conciliante, qui certes, ne flatte pas pour flatter, mais sait être gracieuse, — qui surtout n'est jamais ni critique, ni moqueuse.

L'exemple rayonne de la facilité à accepter ce qui est proposé par les autres, même quand on se sent un peu contrarié : *un jeu, une promenade.*

L'exemple rayonne dans la patience à écouter les longs récits d'une personne que son âge rend par moments pénible, et à lui montrer qu'on est heureux de lui tenir compagnie....

Oh! l'exemple donné par une jeune fille pieuse sans affectation, élégante sans coquetterie, aimable sans fadeur, bonne, prévenante, se prêtant à tout pour faire plaisir, comme il est puissant pour attirer et pour entraîner!

Si vous saviez le *bien* que vous inspirez, le *mal* que vous empêchez, les *remords* que vous faites naître!

5. Relisez ce que nous avons dit dans *la Vie au Pensionnat* sur le dévouement, et vous comprendrez que tous les actes que nous vous demandons se rapportent à *ce penchant au dévouement* qui vous est si naturel, tant que vous restez fidèles à Dieu.

Le dévouement dans le monde doit se montrer avec un caractère tout spécial, indiqué par saint François de Sales :

Ce que je vous recommande par dessus tout, dit cet aimable saint, c'est *la bonne grâce* — remarquez, dit finement un moraliste, que le saint ne dit pas *la minauderie, les manières inspirées par le désir de plaire.*

C'est *la bonne grâce* qui fait valoir vos qualités et cache une partie de vos défauts. Elle est l'expression non pas de la politesse, car le jour où quelqu'un nous ennuie nous savons parfaitement, sous les dehors de la politesse, lui témoigner notre mauvaise humeur et l'ennui qu'il nous cause; elle est *la fleur de charité* que nous devons avoir, nous, enfants de Dieu, pour tous les enfants de Dieu;

à tous, est due notre *bienveillance* et cette bienveillance n'est pas banale, elle se résume dans le mot de saint Paul : *Se faire tout à tous pour les gagner tous à Jésus-Christ.*

« Je viens toute contente de la cuisine où j'ai demeuré ce soir plus longtemps, écrit Eugénie de Guérin.

J'ai décidé Paul, un de nos domestiques, à aller se confesser à Noël; c'est un bon garçon, il le fera.

Dieu soit loué! ma soirée n'est pas perdue.

Quel bonheur si je pouvais ainsi tous les jours gagner une âme à Dieu! »

Ce bonheur, Dieu le réserve à toute âme qui le lui demande sincèrement.

Le monde, dit Mgr Mermillod, est *un grand hôpital.* Sous une robe de soie, ayez un cœur de sœur de Charité; et, *sœurs de charité dans le monde,* vous sauverez les âmes en ruine et vous consolerez les cœurs en deuil!

6. Avant tout et par dessus tout : *Restez pieuses.*

La piété, dit Madame Bourdon, garde les âmes pures comme le chérubin gardait les portes de l'Eden.

Elle éloigne les pensées mauvaises.

Elle tempère la mélancolie, sœur de la faiblesse.

Elle défend les longs retours sur soi-même.

Elle proscrit les regards inquiets jetés sur l'avenir.

Elle fait descendre la paix, la soumission, l'abandon.

Elle empêche enfin que la douleur ne devienne un danger et le malheur une tentation.

Oh! quel ange protecteur que *la piété!*

Il conduit l'âme, dans ses moments de souffrance, à la prière. et la prière calme toujours.

Il lui inspire de s'ouvrir simplement au directeur de sa conscience dont la parole paternelle et expérimentée modère les trop vifs élans de son affection et lui enseigne cet apaisement chrétien qui sans rien ôter au devoir, ôte beaucoup à la douleur.

CHAPITRE DEUXIÈME

Ce qui s'oppose à l'action sanctifiante de la jeune fille dans ses relations avec le Monde — et ce que doit faire la jeune fille pour résister à ces oppositions.

Ce qui s'oppose à l'action bienfaisante de la jeune fille, c'est *l'atmosphère* indifférente, malsaine, sensuelle, impie, qui enveloppe le monde, le pénètre, et au milieu de laquelle la jeune fille doit vivre forcément.

Cette atmosphère, par sa nature : affaiblit la volonté, — ternit la délicatesse de l'âme, — flatte les sens, — exalte l'imagination, — éblouit l'esprit, — s'insinue dans l'être tout entier.

Au premier abord, la jeune fille tout imprégnée de la douce, pieuse et calme atmosphère de la famille, se sent mal à l'aise, elle a peur, elle veut fuir... hélas! elle s'acclimate peu à peu; et ce milieu qu'elle redoutait, l'enchante; elle le quitte à regret, elle aspire après l'heure qui la ramènera là où elle a entrevu tant de nouvelles jouissances.

Pauvres enfants! nous ne voulons pas assombrir votre vie, ni vous obliger à fuir le monde ou à porter au milieu de lui un visage austère; nous voulons seulement vous rendre *fortes contre l'entraînement du mal;* et avec toute la puissance de notre affection, nous venons faire retentir à vos oreilles cette parole de Jésus-Christ : *Veillez! Veillez!*

Elle est *pour vous* cette parole, mais elle est aussi *pour votre mère* qui la comprend mieux que vous, et qui pour la mettre en pratique, *s'entoure elle-même* et *vous entoure des plus minutieuses précautions.*

Nous allons exposer :

1º Les *précautions* que doit prendre la mère avant de laisser aller sa jeune fille dans le monde.

2º Les *précautions* que la mère doit exiger de sa fille à son entrée dans le monde.

Ce chapitre qui semble seulement destiné à votre mère, est aussi pour vous, jeune fille. Lisez-le avec attention, et vous comprendrez les raisons pour lesquelles votre mère résiste quelquefois à vos désirs impatients, vous refuse, avec fermeté, ce qui vous paraît nécessaire, et est par moments d'une austérité qui vous étonne.

ARTICLE PREMIER

Précautions que doit prendre la mère chrétienne.

La mère, par son instinct et surtout par les sentiments religieux qui l'animent, comprend l'importance des précautions à prendre, au moment où elle devra conduire sa fille dans le monde.

I

MOTIFS DE CES PRÉCAUTIONS INSPIRÉES A LA MÈRE PAR SON INSTINCT DE MÈRE CHRÉTIENNE

1° Son *instinct de mère chrétienne* lui a fait remarquer, pendant les visites faites même dans des familles chrétiennes où elle menait sa fille, que *celle* qui jusque-là n'était *qu'une enfant* a grandi et rayonne, sans qu'elle s'en doute encore, de cette grâce attrayante que donnent les années de l'adolescence.

Elle a remarqué que les regards se portent sur son enfant, regards *bienveillants sans doute* mais observateurs et qui lui révèlent l'effet que chaque parole et chaque mouvement de sa fille produisent sur les autres.

Et, mère prudente et expérimentée, elle sent, petit à petit et plus vivement, que sa fille n'est pas destinée à passer toute sa vie auprès d'elle — qu'une autre vocation l'attend — que le moment approche où une séparation, commandée par la Providence, affligera et réjouira tout ensemble son cœur maternel.

Elle s'aperçoit vite aussi que sa fille, sans qu'elle s'en doute elle-même, prend sans effort et naturellement quelques-unes des manières des personnes auprès de qui elle la conduit.

La contenance de sa fille se forme. La manière de se présenter est plus élégante.

Son langage devient plus poli, plus réservé, le ton de sa voix prend quelque chose de plus harmonieux.

Sa timidité perd de sa raideur. L'ensemble de sa tenue et de sa mise devient... plus gracieux.

L'enfant disparaît peu à peu et *la jeune fille* se montre déjà *un peu coquette.*

La mère voit tout cela — et sa prudence lui inspire ce qu'elle doit faire pour que le contact du monde ne détruise pas les vertus que la grâce divine a fait germer et grandir dans cette âme qui lui est si chère.

2° Son *instinct de mère chrétienne* lui fait désirer de pouvoir longtemps encore *retenir sa fille auprès d'elle,* pour lui faire apprécier et préférer à toutes les fêtes du dehors, *cette vie de famille* dont nous avons dit les charmes; et, dans la crainte que lui inspirent les aspirations de son enfant vers *ce dehors* qui stimule sa curiosité, elle essaie de lui rendre *cette vie* plus douce, plus attrayante, plus captivante. Et souvent, avec le père qui redoute lui aussi de se séparer de sa fille, elle dit :

Gardons-la le plus longtemps possible, heureuse et cachée; lui faisant la maison si douce que, seuls, le devoir et la vocation puissent l'arracher de nos bras.

Et, au jour où sa vertu, son amabilité, son dévouement plus que sa coquetterie et sa fortune la feront connaître, au jour où nous la donnerons à celui que Dieu lui aura choisi et qui aura su la deviner, nous pourrons, au milieu de notre sacrifice et de nos larmes, dire à cet élu de Dieu : *Nous vous donnons un ange; elle vous rendra heureux.*

O chères jeunes filles, aimez longtemps cet intérieur qu'on sait vous rendre si attrayant et si doux, ne le laissez qu'à regret; et au milieu de ces fêtes où vous serez appelées, ne perdez pas de vue la paix qu'il vous donne.

« Je le demande sans crainte, écrivait le Père Lacordaire, — dans une page dont nous avons cité les premières lignes — quel est celui d'entre nous qui ne sache pas et qui ne sente pas qu'il y a plus de contentement dans un quart-d'heure passé au sein de la famille, à côté du père, de la mère, des frères, des sœurs, qu'il y en a dans tous les enivrements du monde?

Qui n'a pas fait de la famille le rêve de son existence?

Qui ne s'est pas dit étant jeune : *J'arriverai un jour, après un long travail, à m'asseoir chez moi; et là, j'aurai tous les objets de mon affection.*

Tous, aux heures de notre adolescence, nous nous sommes dit cela; et ceux de nous qui ont renoncé au bonheur de la terre pour prendre en Jésus-Christ leur unique héritage, ceux-là se le disaient avant d'avoir la révélation d'un bien plus rare dans un sacrifice plus grand.

O foyer domestique des peuples chrétiens, maison paternelle où, dès nos premiers ans, nous avons respiré, avec la lumière, l'amour de toutes les saintes choses! nous avons beau vieillir, nous revenons à vous avec un cœur toujours jeune; et, si ce n'était l'éternité qui nous appelle en nous éloignant de vous, nous ne cesserions pas de voir chaque jour votre ombre s'allonger et votre soleil pâlir. »

Oui, il fait bon en famille!

Où se délasse-t-on aussi délicieusement après une journée de labeur? où la joie est-elle plus pure?

Nulle part, ce nous semble, l'air est aussi léger, l'eau aussi rafraîchissante, le pain aussi savoureux.

Vous êtes sûr de trouver là qui vous aime; vous seriez bien malheureux et bien coupable si vous n'y trouviez pas qui aimer.

La famille! Pour *la femme vertueuse* c'est plus que le monde — pour un *bon père* c'est autant que lui-même — pour *le vieillard* c'est la vie. Il n'est pas jusqu'à *l'enfant* qui sait moins s'amuser lorsqu'il n'y est plus — *les jeunes gens* ne la quittent pas sans avoir le cœur gros et la larme à l'œil.

Eloigné d'elle, nous nous consolons par son image embellie, et nous ne l'avons pas plus tôt quittée que nous nous faisons une joie de l'espoir de la revoir bientôt.

Qui donc consentirait à lui dire un éternel adieu? On se hâte de revenir près d'elle, et si on ne la retrouve plus, on élève sa tente sur le coin de terre qu'elle a foulé afin de revivre avec elle au moins par le souvenir. *(Miroir de la famille chrétienne).*

O famille, vertu, paix, que le ciel bénit,
    Où sous l'aile de l'espérance,
Eclôt le rêve, ainsi qu'un oiseau dans son nid,
    Tu fais oublier la souffrance.

Tu retrempes le cœur qu'énervent les combats
    De ce monde plein de mensonge ;
Et c'est grâces à toi que pour l'homme ici-bas
    Le bonheur n'est pas un vain songe!

Voyez ce gracieux tableau peint par André Theuriet :

Le salon est paisible. Au fond, la cheminée
Flambe, par un feu clair et vif illuminée...,
Sous son abat-jour vert la lampe qui scintille
Baigne dans sa clarté la table de famille...
Le père écrit. La mère, active et recueillie
Couvre un grand canevas de dessins bigarrés...,
Assise au piano, sur les touches d'ivoire
La jeune fille essaie un thème préféré...
Et tandis qu'elle fait soupirer le clavier
Le père pour la voir laisse plume et papier ;
Et la mère, au milieu d'une fleur ébauchée,
Quitte l'aiguille et reste immobile et penchée,
Et s'entre-regardant, émus, émerveillés,
Ils contemplent tous deux avec des yeux mouillés
La perle de l'écrin, l'orgueil de la famille,
La vie et la gaieté de la maison : *Leur fille !*

3° Son *instinct de mère chrétienne* la fait trembler à la pensée des dangers que le contact du monde peut créer pour la candeur, pour la simplicité, pour la pureté de sa fille.

Ce qu'elle voit autour d'elle l'épouvante.

Elles sont nombreuses les jeunes filles qu'elle avait vues, il y a une année ou deux à peine, simples, candides, bonnes comme sa fille, devenues, en peu de temps, avides de jouissances, de fêtes, de parures.... Elle ne voit que *cet extérieur*, et cet extérieur lui fait soupçonner *des ruines* dans les âmes.

Et quelquefois, dans ces douces heures d'intimité avec sa fille, elle lui manifeste ses craintes.... Pauvre mère! sera-t-elle longtemps comprise ? Est-elle simplement écoutée?

Ne sent-elle pas, à la gêne de sa fille, à sa froideur, à son impatience, qu'elle n'est plus ce qu'elle était autrefois?

A cette heure, y a-t-il beaucoup de jeunes filles qui ne trouveraient pas exagérée la conduite de la mère dont nous allons parler?

Victorine de Galard venait de terminer sa seizième année. Vive, aimable, pleine d'esprit et de connaissances elle joignait à ces qualités des agréments extérieurs remarquables.

Sa mère reçut un billet par lequel, pour la première fois, *elle était nominativement invitée à une soirée dansante.*

Madame de Galard savait ce qu'elle avait à faire; mais fidèle au plan qu'elle s'était tracé, elle voulut que sa fille en eût tout le mérite et lui montrant le billet, elle lui demanda ce qu'il fallait répondre.

Cette question parut étonner Victorine : *Il n'y a pas à balancer*, dit-elle, *il faut refuser.*

Restait un embarras, celui de savoir dans quelle forme on ferait ce refus.

Madame de Galard consulta de nouveau sa fille qui simplement répondit :

Puisque vous me permettez de dire mon avis, il me semble qu'à votre place je ne chercherais aucun prétexte; si vous en alléguez un aujourd'hui, il faudra en trouver un autre à la prochaine invitation, et ce sera toujours à recommencer. Voici la première fois que l'on m'invite, eh bien ! ne laissons pas échapper cette occasion, et répon-dez que *mon intention est de ne jamais aller au bal,* et tout sera fini.

Une réponse aussi ferme de la part d'une personne de seize ans étonne ; mais on ne peut s'empêcher de l'ad-mirer.

Et vous ? Vous aussi, l'admirez-vous, jeunes filles, et auriez-vous le courage de faire comme elle ?

Heureuses cependant celles que le goût de la piété, de la vie de famille, du dévouement aux siens, l'attrait pour les choses intellectuelles et l'amitié sainte et élevée de quelques âmes comme leur âme, éloignent des fêtes du monde, retiennent au foyer et leur en font sentir les charmes !

Oh ! celles-là, comme elles sont *bien* chez elles ! Comme elles ont joie et plaisir à redire comme Eugénie de Gué-rin : *Nous nous réunissons toute la famille ; et là, le soir, nous causons, nous lisons, nous filons, nous sommes heureux.*

C'est si bon de travailler, de prier, de faire le bonheur de ceux qu'on aime, d'avoir quelques pauvres à visiter, quelques beaux livres à lire, et puis, ajoute Eugénie, de *pouvoir tuer l'ennui à coup d'aiguille et de joyeuses chansons.*

Elle filait, Eugénie ; et, dit-elle, *mon esprit dévide et retourne joliment lui aussi son fuseau !*

Heureuses surtout les jeunes filles à qui Dieu a donné une sainte mère ! Celles-là aiment peu le monde. Leur mère a su, sans rien exagérer, leur inspirer pour ces réunions profanes un dégoût qui leur fait prendre en pitié ce que, de loin en loin, elles apprennent sur ces fêtes bruyantes.

II

PRÉCAUTIONS DE LA MÈRE CHRÉTIENNE

Première précaution :

La mère ne laisse jamais sa fille aller dans le Monde sans l'accompagner elle-même.

1. La mère chrétienne a *charge d'âme*, et cette âme, elle ne doit jamais la perdre de vue tant que Dieu la laisse auprès d'elle.

Elle doit s'attacher à *l'âme* de sa fille comme elle s'attachait à *son corps* quand sa fille était petite.

Elle doit être, en quelque manière, *son esclave*. Elle l'a bien été autrefois, pourquoi cesserait-elle de l'être ?

L'âme n'est-elle pas plus précieuse et plus délicate que *le corps ?*

La mère a reçu de Dieu un tact particulier pour éloigner de sa fille tout ce qui pourrait la flétrir.

Elle est *directrice*, elle est *préservatrice*, elle a un *instinct* qui devine.... Et la manière dont sa fille écoutera ses observations, l'embarras qu'elle montrera dans sa personne, la rougeur qui colorera subitement ses joues, son silence obstiné ou même ses négations faites d'un ton impatienté, lui montreront ce qu'elle doit ajouter à une première observation, ce qu'elle doit taire, ce qu'elle doit défendre, les précautions qu'elle doit prendre pour l'avenir.

2. La mère chrétienne n'est pas de celles qui se font illusion sur la candeur, l'innocence, l'ignorance de leur fille — et la crainte qu'elle éprouve la rend plus vigilante et ne lui permet jamais *de la laisser aller sans elle dans le monde.*

« Comment, dit un moraliste, cette mère qui a gardé avec tant de tendresse les pas chancelants de sa fille, qui l'a protégée avec tant de dévouement contre les dangers du premier âge, cette mère pourrait l'abandonner à l'entrée d'une voie si périlleuse, sur un terrain si glissant et tout bordé de précipices! Ce n'est pas trop de toute la sollicitude maternelle pour la préserver.

Qui d'ailleurs pourrait, comme une mère, obliger une jeune fille à se renfermer dans les limites d'une sage modération?

Qui pourrait, comme elle, la prémunir contre les désirs immodérés de plaire et la défendre contre des ennemis qui l'attaquent avec des éloges et des compliments?

Qui pourrait, comme elle, la soustraire aux paroles insidieuses si capables d'exalter son imagination et d'ébranler son cœur?

Qui enfin, si ce n'est l'œil d'une mère, pourrait suivre cette frêle enfant, sans la perdre un seul instant de vue, et la préserver des pièges si nombreux qui sont tendus à son innocence? »

Le devoir d'une mère ne se borne pas à accompagner et à diriger sa fille dans le monde.

Elle doit encore, au retour, lui faire apprécier ce qu'elle y a vu et ce qu'elle y a entendu.

Elle doit redresser ses jugements, et réduire à sa juste valeur ce que son inexpérience a pu lui présenter sous un jour trop favorable.

Elle doit insister sur ce qu'il y a de peu délicat dans *la critique* que l'on fait des absents et dans les *flatteries* excessives que l'on prodigue à ceux qui sont présents.

Elle doit montrer ce qu'il y a à reprendre dans le ton, dans la conversation, dans les manières de certaines personnes — ce qu'il y a de ridicule, d'inconvenant même, dans la toilette de quelques femmes légères ou peu estimables, en la comparant à la toilette des femmes plus modestes et plus sensées; objet, celles-là, de tous les égards et de tous les respects.

Ah! jeunes filles, ne vous plaignez pas de la sollicitude de votre mère!

Ne la trouvez ni trop sévère, ni trop exagérée, quand elle refuse de vous conduire dans ces soirées où votre imagination ne vous montre à vous que *joie*, que *bonheur*, qu'*amusements*, — et où son expérience à elle, lui montre tant de dangers pour votre vertu et même pour votre santé et pour votre caractère.

Deuxième précaution :
La mère fait des invitations chez elle.

La mère comprend qu'elle ne peut retenir toujours sa fille loin de ces réunions qu'on appelle *le monde*; et elle essaie, dans sa prévoyance chrétienne, *de l'acclimater* en quelque sorte, afin qu'elle ne soit pas tout à coup éblouie, fascinée, entraînée.

· A l'imitation d'une femme dont elle avait lu la vie, elle cherche à inspirer à sa fille *la crainte*, non *l'aversion du monde*, la préparant à y vivre sans s'y livrer, à en être l'ornement en même temps que l'exemple.

Elle fait d'abord *quelques invitations* chez elle.

Invitations sans apprêts : des parents, des amis intimes, des familles sur la moralité et sur l'éducation desquelles on peut compter.

Invitations où se montre dans toute sa simplicité, son aisance, son amabilité, *la vie de famille*.

Là, on se connaît, on s'apprécie, on parle à cœur ouvert ;

Là, on joue pour se récréer ;

Là, on fait de la musique, on lit des poésies pour jouir d'une page ou d'une mélodie harmonieuse.

Là, point de fadeur.

La jeune fille priée de se mettre au piano, de chanter, de lire, de montrer un *album* de dessin, le fait simplement, persuadée qu'elle rend heureux tout le monde.

Là, on aime à rire, à raconter, à jouer... et, le soir venu, on dit avec une grande naïveté : *comme nous nous sommes bien amusées !*

La mère invite aussi, pour de joyeuses après-midi, les anciennes compagnes de sa fille et quelques nouvelles amies qu'elle lui aura choisies.

Et, dans ces réunions faites à *la maison*, c'est la jeune fille elle-même qui fait *les honneurs*.

C'est elle qui, formée par sa mère, *offre les rafraîchissements, met de l'entrain, s'occupe du bonheur de tous.*

Il y a là un utile et gracieux apprentissage des *usages du monde*, dont nous parlerons plus tard.

Les récréations en famille sont, en grande partie, *la sauvegarde de la vertu*.

Elles *resserrent les liens d'amitié* qui unissent les enfants entre eux et à leurs parents et à leurs amis.

Elles *ouvrent le cœur*, le rendent plus expansif et plus aimant.

Elles rendent plus aimable et plus aimée la vie de famille. Les jeux de l'enfance comptent pour beaucoup dans les souvenirs qui nous rattachent au toit paternel.

Elles sont un puissant préservatif contre les séductions du monde.

Heureuse la mère à qui ses enfants peuvent dire après une soirée chez les autres : *On s'amuse mieux chez nous.*

Troisième précaution :
La mère accepte pour sa fille et pour elle quelques invitations de famille.

Ces invitations ont toutes le caractère de celles que la mère donnait elle-même dans sa famille : *simplicité, aisance, toilette sans effet, bonne amitié, vieilles connaissances de la mère.*

Là, on sent que la jeunesse dispense d'étaler une parure élégante et coûteuse et qu'une fleur est le plus gracieux ornement qu'elle puisse se permettre....

Là, les personnes les plus graves se mettent à des tables de jeux; quelques dames causent en tenant leurs ouvrages — et, au milieu du salon, toute la jeunesse, sous les yeux des mères qui sourient mais restent toujours *surveillantes*, se livre à la gaîté.

La jeune fille pense à ces *soirées de famille* et à ces *après-midi*, comme elle pensait, au pensionnat, à un congé promis, avec ardeur, avec joie sans doute, mais sans cette préoccupation qui plus tard l'empêchera d'accomplir ses devoirs.

En sera-t-il longtemps ainsi?

Parmi ces soirées qui ont conservé le nom de *soirées de famille*, il en est peu pendant lesquelles ne se fasse entendre, comme subitement, *un air de danse*; et alors, semblable à une nuée de petits oiseaux suspendus aux branches d'un buisson et que le premier entraîne, toute cette jeunesse part en voltigeant.

Que faut-il défendre? Que faut-il permettre?

Question délicate qui ne peut être résolue d'une manière très précise.

Il y a des dangers partout.

Danger à donner trop de liberté.

Danger à trop resserrer l'expansion de la jeunesse.

Vient une heure dans la vie où, pour l'adolescent, se fait sentir un immense besoin d'expansion. C'est pour ces heures délicates et qui donnent aux mères tant de craintes que nous allons transcrire les pages suivantes :

« Vous allez, cet hiver, présenter votre fille dans le monde, cela veut dire que vous allez la montrer, pour tâcher de la marier.

Cela est tout simple; car on ne vous la demandera pas si on ne la connaît pas, et il faut la produire pour qu'on la connaisse.

Et cependant, bien que cela paraisse naturel et raisonnable, j'aimerais mieux qu'il en fût autrement et qu'une jeune fille pût s'établir sans sortir de son cercle ordinaire, et en conservant ses habitudes de simplicité, d'innocence et de paix intérieure.

Il me semble que la fleur qui vient de s'entr'ouvrir reste plus fraîche et plus odorante, quand elle n'est pas exposée aux ardeurs du soleil et aux agitations du vent. Elle se conserve *plus longtemps* et *plus pure*, dans la retraite et à l'ombre, qu'au milieu des champs et surtout sur le bord des routes, où elle risque d'être foulée par le pied du passant et ternie par la poussière et la boue.

Une jeune fille de dix-huit ans, est vraiment une fleur qui vient d'éclore. Si elle paraît au grand jour et au grand air, n'est-il pas à craindre que son éclat naissant ne se décolore vite et que son parfum ne s'épuise rapidement?

On préférait autrefois cette manière de placer ses filles, au risque de les garder plus longtemps, ce qui était une joie pour la famille.

Aujourd'hui on est plus pressé, et dans le désir d'aller vite, on fait pour leur établissement comme pour tout le reste. On institue dans la société des *espèces d'expositions* plus ou moins générales où l'on invite le plus de jeunes filles et de jeunes gens qu'il est possible, afin que chacun et chacune, voyant, se faisant voir, trouve plus aisément et plus promptement ce qui peut lui convenir....

« Comparez — ajoute l'abbé Bautain — ce que vous allez tenter avec ce que vous avez fait jusqu'à présent, avec une sollicitude si louable, pour préserver votre enfant et lui inspirer le goût de la simplicité et de l'honnêteté.

Vous allez prendre le contrepied de tout votre passé, et vos recommandations nouvelles tendent à détruire les anciennes.

Vous disiez à votre fille avant de la mener dans le monde : « Rien ne convient mieux à une jeune fille « qu'une parure modeste, et tu ne t'occuperas de ta toi- « lette que pour la rendre élégante et décente; surtout « point de recherche, point de luxe, rien d'extraordinaire: « la grâce est préférable à tous les riches ornements. »

— Et justement au moment de mettre en pratique ces belles maximes, vous lui enseigneriez ce qui lui était précédemment défendu....

« Ah! chère Madame, conclut l'abbé Bautain, je rougis d'écrire toutes ces choses qui se remuent au fond du cœur des femmes, dont elles ont à peine conscience, et qu'elles n'oseraient jamais s'avouer à elles-mêmes et encore moins à d'autres.

Voilà des jeunes filles, qui tout à l'heure, avant de faire *leur entrée dans le monde,* étaient simples, naïves, bienveillantes, parce qu'elles étaient innocentes et pures, ne demandant rien au monde qu'elles ne connaissaient pas et ne cherchant *qu'à plaire à Dieu, à leurs parents, à leurs amis,* et maintenant, qu'on les a jetées dans cette vie *du monde* pleine de rivalités et de luttes, les voilà prétentieuses, maniérées, compassées, ne cherchant plus qu'à plaire par toutes les ressources de l'esprit et du corps; les voilà jalouses les unes des autres, se dénigrant et se rabaissant les unes les autres....

Ce qui revient à dire, ô mères, puisque je dois vous parler franchement au risque de vous peiner, qu'en dressant votre jeune fille à paraître avec avantage dans le monde, pour y trouver un établissement, vous la mettez dans l'occasion continuelle de pécher et vous contribuez, pour votre part, à exciter et à nourrir dans son cœur les passions qui perdent les femmes, qui ruinent les familles et les perdent. »

*

L'abbé Bautain, dans une autre lettre, donne à la mère ce conseil que nous croyons devoir transcrire :

« Procurez à votre fille un *bon confesseur*, un *directeur*, s'il est possible, qui ait assez d'expérience du monde et soit assez éclairé pour comprendre sa position, — qui ait de la fermeté sans trop de rigueur, — et dont la charité vraiment sacerdotale gagne sa confiance.

En sorte que votre fille ne lui cachant rien de ce qui se passe en elle, et les tentations, souvent subtiles dans un cœur innocent, auxquelles elle pourra consentir presque sans le savoir, étant découvertes dès l'origine, *le danger soit signalé au commencement, et le mal coupé dans sa racine.*

Si elle continue à se confesser de temps en temps, régulièrement et avec abandon, manifestant naïvement tout ce qu'elle éprouve, et suivant avec docilité les conseils qui lui seront donnés, il y aura moins à craindre ; parce que si chaque jour amène son mal, chaque jour aussi amène son secours. »

ARTICLE SECOND

**Précautions que la mère doit exiger de sa fille
et que doit prendre la jeune fille elle-même
à son entrée dans le Monde.**

I

NÉCESSITÉ DE CES PRÉCAUTIONS

Les précautions prises par la mère de famille qui se voit dans la nécessité d'introduire sa fille dans le monde, indiquant chez cette mère le *véritable esprit chrétien*, c'est cet esprit qu'elle veut voir régner dans l'âme de sa fille.

Elle sait avec quelle facilité, son enfant sans expérience : ouvre *son âme* à tout ce qui vient à elle sous une forme à l'aspect naturel et surtout agréable, — livre *son imagination* à tout ce qui fait miroiter devant elle une beauté plus ou moins réelle, — garde *dans sa mémoire* tout ce qui l'a charmée, — donne entrée *dans son cœur* à tout ce qui lui parle d'affection et de dévouement, — sans pouvoir soupçonner ce qu'il y a, dans tout ce qui se présente à elle, d'égoïste, de sensuel, et d'hypocrite.

Et la mère inquiète prend pour l'âme, pour l'imagination, pour le cœur de sa fille, toutes les *précautions* qu'elle prendrait *pour sa santé* si autour d'elle régnait une épidémie — et elle exige impérieusement que sa fille obéisse à ce qu'elle lui commande.

« Je viens de Paris, disait Mgr Dupanloup à une réunion de femmes chrétiennes ; j'ai vu beaucoup de monde, des personnes vivant non dans la retraite et la solitude, mais dans le monde, dans le grand monde. Je les ai écoutées ; je les ai interrogées et j'ai pu me convaincre de nouveau de ce que je savais déjà, *de ce qu'est le monde — de ce qu'on y pense — de ce qu'on y fait — de ce qu'est sa tenue — de ce que sont ses consolations, ses jeux, ses divertissements, ses spectacles.* Eh bien ! il n'y a rien de trop dans ces paroles de saint Jean : *Le monde est tout plongé dans le mal....* C'est là cependant où nous vivons bon gré, mal gré.... Nous y sommes, et il ne nous est pas ordonné de nous retirer et de fuir au désert ; la Providence nous y a placés ; nos joies, nos peines, nos labeurs et nos devoirs sont là ; il faut y rester et y vivre ; mais *comment ?*

La réponse est simple, facile à comprendre, difficile à mettre en pratique pour celles qui ne demandent pas à Dieu l'énergie qui est nécessaire — nous l'avons indiquée.

Il faut, contre *les épidémies morales* ce qu'il faut contre *les épidémies* qui affaiblissent et tuent les corps, tout un ensemble *de précautions.*

II

INDICATIONS DES PRÉCAUTIONS QUE DOIT PRENDRE LA JEUNE FILLE AVANT SON ENTRÉE DANS LE MONDE

La plus importante des précautions à prendre, celle qui est la base, le soutien, l'inspiratrice de toutes les autres, c'est : *de demander et d'accepter une ferme et prudente direction.*

Votre âge, jeunes filles, est l'âge de *l'inexpérience,* — l'âge des *impressions vives,* — l'âge des *engouements faciles,* — l'âge des *résolutions subites.*

Vous avez besoin d'un *guide* pour vous éclairer, — d'un *protecteur* pour vous garder, vous soutenir, vous relever, — d'un *modérateur* pour vous calmer et vous apaiser.

Or, ce guide, ce protecteur, ce modérateur doit être *votre mère* sans doute, votre mère avec qui nous vous voudrions si unies et si confiantes, mais ce guide, ce protecteur, ce modérateur doit surtout être : *Le prêtre.*

Oh! si le bon Dieu vous a laissée sous la directtion du prêtre qui vous prépara à votre première communion, qui vous forma à la vie chrétienne, vous ayant aidée de ses conseils pendant vos longues années de pensionnat, *allez à lui.*

Ne lui cachez rien, rien de ce qui se passe dans votre âme ni dans votre cœur; exposez-lui simplement vos *aspirations* — vos *désirs* — vos *projets* — vos *joies* — vos *déceptions* — vos *craintes* — vos *impressions....* Méfiez-vous de cette tendance à *vous renfermer en vous-*

même, de peur *de ne pas être comprise*, d'être traitée *de visionnaire*, d'être grondée ou de vous voir *défendre toute fête en dehors de la famille.*

Le prêtre est *bienveillant*, il vous écoutera avec modération.

Il a *l'expérience du monde*, il en comprend les dangers. Il vous les indiquera avec bienveillance et sans vous effaroucher.

Il a la *connaissance du cœur humain*, du vôtre en particulier. Il comprendra tout ce que vous ne pourrez lui dire, malgré votre bonne volonté, et vous ne le verrez jamais étonné.

Il a la *bonté d'une mère*. Il sera compatissant pour vos faiblesses.

Il a la *fermeté d'un père*. Il vous maintiendra avec douceur dans le devoir.

Allez donc à lui — et sous sa direction, prenez les précautions nécessaires.

1° *Précautions à l'intérieur, contre l'esprit du monde.*

2° *Précautions à l'extérieur, contre la sensualité qui règne dans le monde.*

1° Précautions à l'Inté. leu .

A l'intérieur, au temps d'épidémie matérielle, le médecin ordonne pour *le corps :* une nourriture plus régulière, — une nourriture plus saine, — une nourriture plus forte, — une nourriture quelquefois spéciale.

A l'intérieur, au temps d'épidémie morale, celle qui sévit dans le monde, l'Eglise ordonne : la pensée de Dieu,

— la vie avec Dieu, — le recours à Dieu, — la soumission à Dieu.

Dieu dans l'âme, c'est la *sagesse*, c'est-à-dire le bonheur d'obéir à Dieu — la joie de faire connaître Dieu, le besoin de recourir à Dieu.

Or, Dieu dans l'esprit, c'est la *lumière*, c'est-à-dire la vue claire du devoir et les moyens de l'accomplir — c'est la vue claire de la futilité, de la nullité, de la dépravation, de ce que le monde présente aux sens pour les attirer.

Dieu dans le cœur c'est *l'amour de la pureté*, la réprobation et la fuite instinctive de tout ce qui peut ternir la pureté — c'est le dévouement à toutes les infortunes, la miséricorde et la pitié pour toutes les faiblesses, afin de les relever.

Dieu dans *la volonté*, c'est *la force* qui résiste, qui combat, qui va toujours en avant vers ce qui est bien et ce qui est beau.

Pratiquement, Dieu dans l'âme :

C'est *la prière* de tous les jours, le matin et le soir, prière respectueuse et soumise qui appelle Dieu.

C'est *la fréquentation des Sacrements* qui entretient la vie de Dieu en nous — fréquentation surtout de la sainte communion qui nous donne Jésus-Christ et l'unit à nous ou plutôt nous unit à lui.

C'est *la dévotion à la sainte Vierge* que manifeste la récitation quotidienne d'une dizaine au moins de cette suave prière *le chapelet*, et qui attire le regard aimé de Dieu.

C'est *la lecture fréquente* de quelque livre de piété et surtout de quelques pages du saint *Evangile*.

C'est *l'assiduité régulière aux offices de la paroisse.*

C'est *la participation*, par notre présence et nos dons généreux, aux bonnes œuvres de la paroisse.

C'est *l'aumône*, faite sans ostentation sous le regard de Dieu.

Ainsi munies *intérieurement*, — et gardées par les moyens extérieurs que nous allons indiquer — vous pouvez aller dans le monde, pour toutes ces relations dont nous avons parlé, et même pour ces délassements qui ont pour but une simple récréation et alors vous resterez pures et fortes.

2° Précautions à l'extérieur.

A l'extérieur, au temps d'épidémie qui menace le corps, le médecin ordonne : des *vêtements* spéciaux pour empêcher l'air contaminé de se faire sentir et de pénétrer, par les pores de la peau, jusqu'à l'intérieur du corps, — des *soins de propreté*, qui, en temps ordinaire, seraient regardés comme excessifs, — la fuite des agglomérations et du contact avec des personnes déjà atteintes.

A l'extérieur, au temps d'épidémie morale, celle qui règne dans le monde qui a nom *la sensualité* et menace les âmes, l'Eglise ordonne :

1. D'envelopper *les sens* qui sont les organes par lesquels l'esprit du monde pénètre dans l'âme, comme d'un vêtement spécial qui se compose de *modestie*, de *mortification*, de *prudence*.

6

2. De conserver son âme dans une plus exacte pureté, par la fréquentation plus assidue des sacrements.

3. De fuir toute occasion qui porterait l'âme à se séparer de Dieu.

Les *sens* sont d'une excessive délicatesse et d'une grande impressionnabilité; par eux l'âme se met en contact avec les choses matérielles et reçoit en elle des impressions qui, volontairement acceptées, peuvent devenir la source de fautes très graves.

Ces impressions, excitées ou transmises par les sens, prennent le nom de *sensualité* ou de *vie des sens;* c'est la vie qui règne dans le monde.

1° Effets de la sensualité.

La *sensualité* qui pénètre peu à peu, mais avec une désespérante continuité, ceux qui vivent sans précautions au milieu du monde, est pour l'âme ce qu'est la peste pour le corps : Elle l'affaiblit. — Elle la désorganise. — Elle la corrompt.

1. La sensualité *affaiblit* l'être tout entier, le laissant tomber dans un état de *paresse,* c'est-à-dire de *lassitude* pour tout ce qui exige un effort extérieur, — de *dégoût* pour tout ce qui exige un effort de l'esprit, — de *répugnance* pour tout ce qui exige un effort du cœur.

Ne rien faire, ne rien supporter, ne rien donner; se laisser mollement aller à ce qui plaît et à ce qui donne une jouissance, voilà l'état de l'être sensuel.

Et s'il a un moment d'activité, ou plutôt un moment de fièvre, c'est quand il s'agit d'aller à une fête nouvelle et de se procurer un plaisir nouveau.

2. La sensualité *désorganise* l'être tout entier.

La vie de *l'âme*, c'est Dieu obéi. — C'est le devoir accompli. — C'est le prochain supporté, aidé, secouru. — C'est l'intelligence agrandie. — C'est le cœur dévoué. — C'est le caractère réprimé dans ses écarts et rendu aimable par vertu. — C'est la passion domptée, le sacrifice accepté.

La vie *des sens*, c'est *le moi* substitué à Dieu, c'est l'égoïsme substitué à la charité, *le moi*, dans ce qu'il a de plus infime, de plus misérable, détruisant ce qu'il y a dans l'âme de grand, de noble, de dévoué, d'élevé.

C'est l'âme sacrifiée au corps; l'esprit à la matière; l'intelligence à la sensation; le cœur avec son dévouement si pur et si bon au plus vil des intérêts : la satisfaction matérielle.

3. La sensualité *corrompt* l'être tout entier.

Nous ne voulons pas développer ce dégradant effet de la sensualité, et pour que vous le voyiez dans toute sa laideur, nous vous renvoyons au tableau qu'en traçait Jésus-Christ lui-même, en racontant la triste jeunesse de l'enfant prodigue : Saint Luc, xv.

4. La sensualité se fait sentir partout. Elle est comme une émanation de ce gouffre corrupteur que nous appelons *l'Enfer*.

Elle pénètre jusque dans le sanctuaire de la famille.

Léon Gautier écrit à un de ses nobles amis :

« Je ne veux pas aborder la question brûlante *des journaux* qu'on lit au château, mais hélas! il vous est arrivé, certain soir, de me laisser seul durant une heure dans votre magnifique salon.

Or, sur une table de palissandre que recouvrait un splendide tapis de Perse, j'ai trouvé plusieurs journaux qu'une maison chrétienne ne devait pas recevoir.

J'ai lu chez vous, deux fragments qui m'ont fait dresser les cheveux sur la tête... et je frémis encore à la pensée du malheur qui a failli vous arriver.

Vos petites nièces, qui ont treize et quinze ans, et votre jeune frère qui n'a pas encore vingt ans, ont fait irruption dans votre salon, le soir même où j'y étais, et voilà que ces petites folles ont voulu faire ensemble la lecture de certain journal illustré, que je n'ai pas besoin de vous nommer, et qui est certes capable de corrompre en un jour toute une province. Ce n'est pas le vice franc, carré, cynique, et dont on se détourne avec horreur, mais c'est pis, mille fois pis; c'est *un abominable vice élégant et masqué*, c'est *la boue (et quelle boue!) en flacons d'or*.

L'autre jour, l'un de nos illustres boulevardiers, lequel cependant ne croit à rien, disait, en parlant d'un affreux petit journal : *Quand je le lis, je m'étonne que Dieu ne nous foudroie pas.*

Eh bien, mon ami, il vous foudroiera si vous continuez à faire accueil à de tels journaux et à de tels livres. La révolution tombera sur vous comme un épouvantable tonnerre, et c'est ainsi qu'elle est tombée, au siècle dernier, sur ces heureux du monde qui avaient oublié leurs devoirs envers les petits comme envers Dieu, et quelque communard, trouvant de vos journaux sur la table de votre salon se dira, en les parcourant d'un regard avide, que vous étiez bien corrompu et que vous méritiez votre châtiment. »

2º Remèdes directs contre la sensualité.

Voyez, si vous n'avez pas besoin pour éviter la contagion qui règne dans ce monde dans lequel vous êtes obligée de vivre, de demander :

1. A *la modestie* — cette vertu qui protège et soigne l'âme avec la délicatesse d'une mère qui protège le corps délicat de sa fille — de lui demander de vous *prêter son voile* pour préserver vos yeux et vos oreilles, qui peuvent à chaque pas être attirés, charmés, séduits par des images — des scènes — des paroles — des chants — des mots entendus comme par hasard — des flatteries — des promesses — des regards... auxquels le démon a prêté ce qu'il y a en lui de plus perfide, de plus hypocrite, de plus doucereux.

Demandez à *la modestie* de vous communiquer un peu de sa délicatesse, dans la manière de *vous tenir,* même quand vous êtes seule, de *vous vêtir* surtout : délicatesse dans la parure, — délicatesse dans la forme des vêtements, — délicatesse dans la manière de porter les vêtements.

2. Demandez à *la mortification* — cette vertu qui se compose de petits actes de renoncements et vient qui

aide à *la modestie*, demandez-lui de vous donner la force dont vous avez besoin pour lutter contre les entraînements du dehors et contre les désirs que votre pauvre nature excite en vous.

Ecoutez la mortification : Ne va pas dans cette réunion, — ne fréquente pas cette compagne, — ne regarde pas cette devanture qui attire la foule, — ne reste pas dans l'inaction et, par un travail actif, chasse ces rêveries qui hantent ton imagination, — ne cache pas à ta mère cette parole qui t'a été dite en cachette, — n'accepte pas cette manière de te vêtir, — ne garde pas dans ta chambre ni ce tableau peu convenable, ni ce livre que tu sais ne pouvoir lire que loin des yeux de ta mère....

3. Demandez à *la prudence*, cette vertu qui est la personnification de votre ange gardien, demandez-lui : de ne pas vous laisser un seul instant sans conseils, — d'être votre compagne de tous les jours et de toutes les heures, compagne un peu austère peut-être, mais si *sûre* dans ses appréciations, si *dévouée* dans ses inspirations, si *aimante* dans les *défenses* qu'elle vous fait.

C'est elle qui vous montrera les dangers des réunions auxquelles vous serez invitée et vous indiquera les précautions de modestie, de réserve que vous devez prendre.

C'est elle qui vous mènera souvent et régulièrement aux pieds de votre confesseur.

O modestie! ô mortification! ô prudence! Soyez les anges préservateurs des jeunes filles!

4. Ainsi précautionnées contre le monde, nous vous dirons avec Mgr Mermillod :

Allez-y, mais avec *une intelligence vraie de ce qu'il est ;* en sachant que derrière ces fêtes brillantes, il y a des passions, des séductions cachées, et que vous marchez sur des fleurs recouvrant des vices et des serpents.

Allez-y, l'âme pleine de *l'amour du devoir* et dites-vous : *je dois me garder pure....* Le P. de Ravignan raconte qu'une femme grandement exposée dans le monde, fut gardée par cette parole que lui jeta dans son oreille un jeune homme : *Madame, pensez un peu moins à vos succès et un peu plus à votre salut.*

Allez-y, le cœur plein de *l'amour de la famille.* J'aime cette chrétienne qui va dans le monde en donnant à sa parure une mesure légitime, qui sait qu'elle doit être surtout ornée de modestie et que c'est là la plus gracieuse élégance de sa personne, — cette chrétienne qui avant de se rendre dans le monde, s'agenouille, invoque son ange gardien, sort avec la pensée de revenir digne de tous ceux qu'elle aime et se dit avec fermeté : *Je ne veux pas qu'ils aient à rougir de moi.*

Relisez cette page des *Paillettes d'Or :*

— Comment faites-vous donc pour être si aimable? disait-on à une femme à qui Dieu avait donné. ce semble, la *puissance du bonheur ?*

— C'est bien simple, répondit-elle. Avant de faire une visite, de me rendre à une réunion de famille, je regarde au fond de mon âme pour voir si elle est en paix avec Dieu.

Si je la trouve telle que je la désire : *Bien,* me dis-je, *Dieu est avec moi, c'est lui qui fera tous les frais.* Ce n'est pas *moi* qui suis aimable, c'est *Dieu* à qui je me prête.

Un prêtre m'avait dit, il y a longtemps déjà :
Ayez Jésus avec vous, le monde ne pourra vous nuire ;
Portez Jésus avec vous, le monde, à son insu, sera un
peu moins mauvais.

III

APPENDICE

**1° Premières impressions d'une jeune fille
après sa première entrée dans le Monde.**

Deux amies de pension pieusement élevées et intimes.
Louise qui n'a pas voulu, la veille, accompagner *Adèle*
à une soirée où toutes deux étaient invitées, vient le
lendemain, à une heure déjà avancée de la matinée, voir
sa compagne.

LOUISE

Oh! que vous êtes pâle, Adèle! j'allais dire, pardon,
n'est-ce pas? que vous êtes... *laide !*

ADÈLE

Savez-vous, ma chère, que vous êtes peu aimable, ce
matin et même peu polie!

LOUISE

C'est que je suis si accoutumée de vous voir fraîche
et jolie!

ADÈLE

Des compliments sur ma figure, maintenant! C'est la première fois que j'en entends sortir de votre bouche.

LOUISE

Peut-être que je n'attache pas la même idée que vous à l'expression dont je me suis servie. Je vous trouvais belle, parce que tout votre visage souriait, attirait... et aujourd'hui, ô mon Adèle, il y a quelque chose qui me peine. Qu'est-ce donc? Dites?

ADÈLE

Oh! un peu de fatigue! je me sens un peu mal entrain, un peu malade.

LOUISE

Je le crois bien après les émotions du bal, la longue veille d'hier.... Voyons, tendez-moi les mains, laissez-moi rester votre amie vraie, bonne, pieuse, et vous demander simplement, comme autrefois je le faisais, moi votre aînée de deux ans : *Avez-vous fait votre prière ce matin ?*

ADÈLE

Ah! comment voulez-vous que je prie, avec ma souffrance? Et puis, je n'ai pas l'esprit à moi.

LOUISE

Ma pauvre Adèle! Vous souvient-il de la maladie que vous fîtes l'année dernière? Vous souffriez plus qu'à cette heure, et cependant *vous pouviez alors prier le bon Dieu.* C'est même dans la prière, vous me le disiez, que vous trouviez la force de souffrir.

ADÈLE

Le bal d'hier? mais je n'ai point fait de mal, je vous l'assure.

LOUISE

·Point de mal! c'est-à-dire que vous n'avez pas fait tout le mal que vous pouviez faire, mais courage; si vous persistez à rechercher les coupables amusements, vous arriverez bientôt au même point que les autres, et comme les autres, ô pauvre amie, vous laisserez le bon Dieu, Dieu ce beau soleil de l'âme et du cœur....

ADÈLE

Vous êtes cruelle, Louise.

LOUISE

Non, mon amie, mais c'est que je vous aime! Et tenez, ce que je vous pardonne le moins, c'est de me dire froidement : *Je n'ai point fait de mal!* N'est-ce pas un mal, un grand mal qui en attire bien d'autres, que de ne plus *prier le bon Dieu ?*

ADÈLE

Louise !... ce soir je ferai ma prière, je vous le promets.

LOUISE

Peut-être promettez-vous plus que vous ne pouvez. Eh bien, soit ! mais que direz-vous au bon Dieu, ce soir ?

ADÈLE

Je lui dirai... mais ce que je lui dis ordinairement.

LOUISE

Oui, n'est-ce pas ? Vous lui direz : *Mon Dieu, je vous aime de tout mon cœur ;* et votre cœur aimera en même temps les plaisirs que le bon Dieu réprouve.

Vous lui direz : *Mon Dieu, je désire que tout le monde vous aime ;* et vous rêverez à aller dans des soirées qui chassent Dieu des âmes, et vous contribuerez par votre présence et votre amabilité à pervertir des âmes.

Ecoutez Louise, il n'est pour vous qu'une prière à dire ce soir. Voulez-vous que je vous l'apprenne ? me promettez-vous de la dire ?

ADÈLE

Oui.

LOUISE

« Mon Dieu! je vous demande pardon d'être allée au bal!

Mon Dieu! donnez-moi la force pour résister à la tentation d'y retourner encore, afin que mon innocence ne se flétrisse pas et que mon cœur ne se dessèche pas pour vous!

Mon Dieu! si j'avais le malheur d'y retourner encore, faites-moi la grâce de conserver assez de franchise pour ne pas dire contre ma conscience : *Il n'y a pas de mal.* »

Si Adèle a continué sa vie du monde, croyez-vous, qu'après quelques mois, Louise pourra lui dire les paroles pieuses qu'elle lui a dites, et qu'Adèle sera disposée à les écouter?

Non.

Ce monde que fréquente la jeune fille, aux premières années de son adolescence, et dans le but unique — il le lui semble et elle le dit naïvement — de se récréer et de s'amuser, n'est pas ce qu'on appelle *le monde scandaleux*, non certes; mais c'est toujours *le monde*, le monde hypocrite qui attire doucereusement à lui, captivant par des attraits qui n'ont rien d'effrayant pour l'âme la plus candide, et voilant sa sensualité sous des semblants de politesse, d'amabilité, d'usages du monde, et des plaisirs qu'il affecte d'appeler *innocents*.

2° La Journée d'une cléricale.

Lisez maintenant dans la lettre suivante, ce que petit à petit le monde fait d'une âme candide :

Celle qui écrit cette lettre a été *élevée chrétiennement* — peut-être pas assez *fortement* — elle a eu ses heures de piété, *piété trop sensible;* ses *scrupules,* comme elle les appelle, mais certainement elle n'a jamais compris le sens du mot *devoir* — aussi comme toutes les impressions d'une première éducation qui n'a dû être que superficielle, ont vite disparu!

Madame Laure B... sous-préfète de ... à Madame Emilie D... femme du procureur de la République, à ....

Ma chère Emilie,

Je t'envoie cinq francs pour la caisse de ton école. C'est tout ce que je puis faire au milieu de l'atmosphère de quêtes et de souscriptions dans laquelle je vis. Je partage ton opinion sur la nécessité de répandre dans toutes les communes de France l'instruction primaire, gratuite, obligatoire et laïque. Mais cette mesure, si excellente qu'elle soit, ne suffit pas : il faut y joindre la création, dans tous les centres un peu importants, de lycées de filles. Je voudrais qu'il y eût autant de lycées et de collèges communaux pour les filles qu'il en existe pour les garçons. Alors, mais alors seulement, la France marchera à pas assurés et rapides vers sa régénération.

La femme doit être en tout l'égale de l'homme. Pour cela, il faut qu'elle reçoive l'instruction et l'éducation de l'homme; qu'elle brise les langes dans lesquels on l'enveloppe du berceau à la tombe; qu'elle se dégage des superstitions et des préjugés qu'elle suce avec le lait.

Étions-nous bégueules, toi et moi, ma chère Emilie, au sortir de notre Pensionnat laïque, mais chrétien! Nous n'aurions pas ouvert un livre sans en demander la permission à nos mamans; nos robes de bal n'étaient jamais assez montantes; pour une pauvre fois que nous allions au théâtre, les jours gras, que de remords, d'expiations, d'abstinences et de jeûnes, pendant le carême!

Et nos scrupules donc! Je ne puis me rappeler sans rire la grave discussion que nous eûmes ensemble un jour. Tu soutenais qu'on avait satisfait à l'obligation d'entendre la messe, pourvu qu'on arrivât à l'offertoire. Je trouvais, moi, cette morale trop relâchée et j'étais d'avis qu'il fallait être rendu pour l'Evangile, sinon pour l'Epitre.

Qui nous eût dit qu'il viendrait un temps où nous sortirions de l'Eglise le cœur léger, quoique nous y fussions entrées après l'élévation!

Mes préjugés étaient, je crois, plus enracinés que les tiens. Figure-toi qu'un an après mon mariage, je tressaillais lorsque j'entendais mon mari proférer, dans un accès de colère, quelques-unes de ces interjections viriles que le catéchisme appelle des gros noms d'imprécations et de blasphèmes.

Il y a beau temps que ça ne me fait plus rien du tout.

Si telle était notre éducation, juge de celle qu'on reçoit chez les Ursulines, les Visitandines, les dames du Sacré-Cœur et autres nonnes.

Elle est tout simplement abrutissante, à en juger par ce dont je suis témoin dans ma sous-préfecture.

Il faut que je te fasse un croquis de la journée d'une de nos grandes dames. J'en puis parler savamment, puisque Madame de Moret a sa maison située en face de mon hôtel et que ses deux bonnes sont au mieux avec ma femme de chambre.

Figure-toi d'abord que cette jeune cléricale (elle est jeune, jolie et bien mise, il faut le reconnaître), figure-toi, dis-je, que cette jeune cléricale se lève à six heures en été et à sept heures en hiver. N'est-ce pas ridicule? à quelle heure alors se lèvera la domesticité?

A peine levée, Madame de Moret court à la chambre de ses enfants; tu comprends, ma chère, que je ne la blâme pas, je l'approuve au contraire, et je l'imite lorsque mon bébé est malade. Mais j'aime qu'on n'exagère rien, pas même la tendresse maternelle, et je suis d'avis que lorsque nos enfants se portent bien, il suffit de faire prendre de leurs nouvelles le matin.

Tous les jours, à huit heures précises, qu'il gèle, qu'il pleuve, qu'il vente, messe à la chapelle des mères chrétiennes. Elle ne serait pas de moitié aussi bonne à un autre autel. Cette messe est dite par l'abbé Cotton, un prêtre d'environ quarante ans, mais vieilli par de longues oraisons, les stations au confessionnal, les abstinences et les jeûnes. Grand, maigre, pâle, les yeux inspirant le plus sombre fanatisme. Croirais-tu que cet énergumène prétend que mon mari est excommunié parce que, en sa qualité de sous-préfet, il a présidé à l'expulsion des Dominicains, fracturé une capucinière et décroché quelques crucifix dans des salles d'écoles? Tel est le personnage

qui dirige les mères chrétiennes en général et Madame
de Moret en particulier.

Au sortir de la messe, cette pieuse dame va donner
ses ordres pour le déjeuner et s'abaisse parfois jusqu'à
pénétrer dans les cuisines. Pour une femme qui a cinquante mille livres de rentes, je soutiens que cette
conduite témoigne des goûts vulgaires.

Après le déjeuner, leçon d'alphabet et de lecture à ses
deux fils et à sa fille. A mon avis, c'est encore de l'affectation. On assure dans la ville que cette cléricale prend en
secret des leçons de latin, de grec et de mathématiques,
afin de pouvoir aider son mari à instruire les deux garçons. Leur intention serait, paraît-il, de les envoyer, le
plus tard possible, dans les lycées de l'Etat. A la bonne
heure s'il s'agissait des collèges des Pères Jésuites! Mais
les lycées de l'Etat sont des lieux de perdition. Cette
pédante ne borne pas là son zèle. Entre une heure et
deux heures, c'est-à-dire pendant la principale récréation
de notre école primaire, elle réunit deux douzaines de
fillettes, dont les parents sont pauvres ou peu aisés, et
elle leur apprend la prière, le catéchisme, l'histoire sainte,
les matières religieuses enseignées autrefois à l'école.

Tu ne devinerais jamais comment Madame de Moret
termine, le dimanche et le jeudi, sa journée? En allant
à l'hôpital; oui, ma chère, à l'hôpital. Je l'y ai vue
entrer suivie d'une bonne chargée d'un panier. Elle s'assied au chevet des malades, s'informe de leur santé, les
console, les égaye, leur distribue quelque douceur; tout
cela beaucoup moins par humanité que par fanatisme.
On a horreur ici des enterrements civils. On craint, à
chaque instant, qu'il n'en sorte un de l'hôpital. De là,

le zèle de Madame de Moret et des autres mères chrétiennes.

Que je te donne à ce propos une commission. Ma tante m'écrivait que le petit docteur Lebon ne se fait pas une clientèle chez vous. Toi qui le vois souvent, conseille-lui de venir se fixer ici. Le médecin de l'hôpital vient de mourir; il serait facile à Lebon, avec la protection de mon mari, d'avoir sa place. Je connais ses opinions; il ne laisserait pas les cléricales entrer à toute heure et sans autorisation dans les salles de ses malades. La liberté de conscience régnerait à l'hôpital et on n'obligerait pas à se faire enterrer par des prêtres un homme qui aurait manifestement le désir d'avoir des obsèques purement civiles.

On parle d'une sous-préfecture plus importante pour mon mari. Quoique je m'ennuie à mort dans ce nid d'aristocrates et de cléricaux, j'aimerais mieux y rester, un an ou deux de plus, et ne le quitter que pour une préfecture.

Si c'était au chef-lieu d'une Cour d'Appel et que ton mari y fût procureur général, j'en serais bien heureuse et toi aussi, n'est-ce pas, ma chère? Nous verrions venir les aristocrates et les cléricales. On y regarde à deux fois avant de se permettre envers madame la préfète et la femme d'un procureur général, les épigrammes dont on ne se prive pas à l'égard de la sous-préfète et de la femme du procureur de la République.

Je suis effrayée de la longueur de ma lettre, aussi je me hâte de t'embrasser.

Laure (I Grange).

CHAPITRE TROISIÈME

Ce que doivent être
les relations de la jeune fille dans le Monde.

Ces relations peuvent être :
Des relations de simple bienséance,
Des relations d'amitié,
Des relations en quelque sorte obligatoires.

ARTICLE PREMIER
Relations de simple bienséance.

Elles sont exigées par les usages établis petit à petit dans le but : de mettre à l'aise tous ceux avec qui on se trouve, — d'éviter tout ce qui peut contrarier, — de chercher tout ce qui peut faire plaisir.

Et tout cela, simplement, bonnement, sans affectation.

Bienséance veut dire *manière d'être, de paraître, d'agir,* qui plaît à tous et même flatte délicatement l'amour-propre de tous.

C'est ce qu'on appelle la *science du monde.*

1° Science du Monde indiquée par la mère de la jeune fille.

Puisque la jeune fille doit toujours être accompagnée par sa mère toutes les fois qu'elle va dans le monde, sa science du monde n'a pas besoin, aux premiers jours, d'être bien étendue.

Il lui suffit de connaître ce qu'on appelle les usages du monde, et cette connaissance se fait vite par la pratique, par l'observation, par les remarques de la mère montrant à sa fille ce que dans les réunions, où elles étaient ensemble, il y a eu de *bien*, de *peu convenable*, d'*exagéré*, d'*aimable*, d'*égoïste*, d'*impoli*....

Cette connaissance des usages du monde se fait surtout par ce désir de plaire, inné dans le cœur de la jeune fille et qui, retenu dans les limites que seule la vie pieuse sait tracer, peut si puissamment contribuer à sa mission de faire du bien.

2° Science du Monde apprise par les livres.

La *science du monde*, c'est-à-dire *la connaissance* de ce qui s'observe parmi les personnes bien élevées a été recueillie et résumée simplement pour les enfants, dans de petits livres appelés *la politesse et la civilité;* nous en avons parlé dans *La Vie au Pensionnat*.

Pour vous, jeunes filles, procurez-vous quelques-uns des ouvrages que nous allons vous indiquer, écrits par des femmes d'expérience. Ils vous feront mieux apprécier et mieux comprendre les conseils de votre mère.

Madame Louise d'Alcq :

Le savoir vivre dans le monde, — La science du monde, — La science de la vie.

Madame la baronne de Staffe :

Usage du monde, Règles du savoir vivre dans la société moderne, — La maîtresse de maison et l'art de recevoir chez soi, — La femme dans la famille, — Mes secrets.

M. Myriam :

En soi et autour de soi, — Le féminisme dans tous les temps.

Mademoiselle de Juranville :

Le savoir faire et le savoir vivre.

De La Fare :

Savoir vivre... Savoir parler... Savoir écrire, — Les usages du monde....

Deux livres très pratiques :

Manuel du bon ton et de la politesse, — Les usages du monde par un homme du monde.

Là, sont indiqués :

Comment se font et se reçoivent *les visites* selon les personnes, les temps, les lieux, les circonstances — quelles doivent être la toilette, la tenue, la manière de saluer.

Comment on assiste à une *soirée*, à un *dîner*, à une *réunion*, à une *cérémonie religieuse.*

Comment on doit *accepter* — *refuser* — *donner* — *écrire* — *parler*, et aussi comment on doit *écouter.*

Ce que comprend le mot *étiquette*, indiquant la manière d'agir sans tiraillement et sans offenser personne, pour opérer *le triage de la société*, de telle sorte que si par

hasard une personne grossière et sans éducation s'était
fourvoyée dans un salon de bon ton; elle s'y trouvât
si mal à l'aise, sans être directement humiliée, qu'elle
ne serait plus tentée d'y revenir.

3° Science du Monde inspirée par le bon sens et le tact.

Ce que les livres ne donnent jamais, c'est le *bon sens*
et le *tact*.

Le *bon sens*, cette vue juste des choses et cette appré-
ciation vraie de ce qu'elles sont.

Le *tact*, ce don précieux qui fait deviner ce qu'il faut
dire et comment il faut le dire, ce qui fait plaisir et ce
qui blesse.

Ces deux qualités qui ne vont pas l'une sans l'autre,
sont innées sans doute, mais on peut *les développer* et
même *les acquérir* jusqu'à un certain point. Je voudrais,
dit Myriam, que les mères de famille s'appliquassent à
cultiver par-dessus tout chez leurs filles cette plante
modeste qui est l'arome conservateur de toutes les qualités : *le bon sens.*

Je voudrais que, dès leurs premières années, elles *sur-
veillent* leur jugement qui se forme et le *redressent*
patiemment,

qu'elles ne laissent s'implanter ni paradoxes, ni préjugés dans ces jeunes esprits,

qu'elles les ramènent à la valeur vraie des choses,

qu'elles les habituent à regarder en dehors d'elles-
mêmes — puis à réfléchir, à chercher le bon côté des

choses, à en peser les résultats, à en raisonner les conséquences,

qu'elles les forment à l'impartialité, à la droiture, à
la vérité, évitant l'exalfation et l'engouement, et pour
cela les mères doivent *trier avec soin et avec scrupule
les lectures de leurs filles,* écartant tout ce qui est faux,
paradoxal,

qu'elles che ⸱issent leurs relations intimes, ne se fiant
qu'à des amis ⸱prouvés, et ne se laissant pas aller à
des entraînemen irréfléchis — l'influence d'une amie
pendant l'adolescence, est immense,

qu'elles veillent, plus qu'autrefois, sur les lectures dont
les filles sont si avides. Les lectures, on l'a dit bien
souvent, sont *l'aliment de l'esprit,* et de même que le
corps se ressent de la nourriture qui lui est donnée, de
même l'esprit subit l'influence du genre d'aliments qu'il
s'assimile. La santé morale ne peut se maintenir si, on
la met au régime des poisons, même à petites doses.

4° Science du Monde rendue facile par l'amabilité.

1. Quelques dames, dans un salon, parlaient politesse
et se plaignaient de ce *laisser-aller* vulgaire qui règne
partout — de cette ignorance ou oubli, ou mépris peut-
être de convenances, autrefois si bien connues et si bien
observées — de ce manque de simplicité élégante qui
plaît tant — surtout de ce manque *de tact* qui fait deviner
ce qu'il faut dire, ce qu'il faut taire, la manière même
de s'embellir....

Un jour, racontait l'une d'elles, autour du foyer, le soir, mon grand-père disait : *Si j'avais été Napoléon, j'aurais placé à côté du code civil, le code de la civilité....*

— *Et de l'amabilité*, ajouta grand'mère.

Comme tous deux avaient raison, ajouta celle qui parlait, et comme la politesse et l'amabilité unies l'une à l'autre apporteraient et maintiendraient le bonheur dans la famille et dans le monde !

Que de petits froissements disparaîtraient !

Que de petites joies seraient senties !

Que de paroles aigres, piquantes seraient retenues !

Que de sentiments un peu malveillants disparaîtraient !

2. Il y a certes une grande différence entre la politesse et l'amabilité, mais elles se complètent l'une l'autre.

La politesse est faite *de conventions*, l'amabilité est faite de *sentiments ;* la première est affaire *d'éducation*, la seconde affaire *de cœur ;* et partout où se montre le cœur, il fait disparaître ces petits manquements qui seraient remarqués sans lui.

On ne peut en général être aimable sans être poli, mais on peut être poli sans être aimable.

La politesse sans amabilité est une simple *formalité*, mais nécessaire ; et une personne bien élevée ne peut se soustraire à ses exigences. On a dit spirituellement : *Il faut être poli comme il faut être vacciné*, c'est de rigueur. On n'est pas supporté dans le monde si on est impoli.

La politesse est souvent *un vernis*, mais si elle est seule et sans amabilité, elle rayonne le froid autour d'elle.

La politesse est à l'esprit
Ce que la grâce est au visage ;
De la bonté du cœur, elle est la douce image
Et c'est *la bonté* qu'on chérit.

Une personne réellement bonne ne manque jamais de politesse, parce que, instinctivement, elle cherche à faire plaisir, à rendre les autres contents d'eux-mêmes, en faisant valoir leur mérite, et à ne s'offenser de rien.

La politesse — mot qui dérive du verbe *polir*, parce que l'usage du monde fait sur nos habitudes, notre langage, nos manières, ce que le rabot et la lime font sur le bois et sur les métaux, il *les polit* — la politesse est :

Un *frein* qui comprime nos défauts,

un *vernis* qui fait ressortir nos bonnes qualités,

un des *plus grands biens* de la société puisque c'est elle qui fait les femmes aimables.

Laissez-nous vous recommander de relire dans le premier volume *La vie dans la famille*, le chapitre qui parle de *l'amabilité*.

ARTICLE SECOND

Relations d'amitié.

Ces relations d'amitié sont les plus douces, les plus fortifiantes, les plus aimées.

Ce sont vos relations *entre vous, jeunes filles* — anciennes élèves du même pensionnat, — entre vous, assises l'une près de l'autre, pendant les instructions faites aux enfants de Marie, passant ensemble de longues heures, chaque semaine, sous le regard et la protection de vos mères — vous occupant des mêmes œuvres de charité — continuant, isolées sans doute mais heureuses de vous les communiquer, vos études littéraires ou artistiques.

Dans un livre que nous recommandons et qui doit se trouver dans votre bibliothèque : *La femme raisonnable et chrétienne*, par le chanoine Victor Rocher, nous trouvons cette gracieuse et utile page :

Entre jeunes filles.

Vous a-t-il été donné quelquefois, aux plus beaux jours du printemps, de voir, ou plutôt d'entendre, de jeunes oiseaux s'ébattre et gazouiller joyeusement dans leur nid, avant de le quitter, pour s'élancer et voler librement dans les airs? C'est là l'image de jeunes amies encore dans l'adolescence, heureuses de se trouver ensemble, d'échanger leurs idées, disons mieux, leurs impressions. Leur babil incessant accompagné de rires frais et joyeux, ressemble au gazouillement des oiseaux; c'est la mise en commun de leurs rêves à peine éclos, de leur bonheur présent, de la félicité qu'elles se promettent dans l'avenir. Pour elles, à cette heure, cet avenir se présente sous les plus charmantes couleurs. Elles-mêmes l'illuminent et le dorent des plus brillantes illusions de leur imagination. Leurs désirs semblent des réalités à leurs yeux; elles ne se doutent pas de la fragilité de leurs espérances, moins encore des déceptions cruelles qui peut-être les attendent.

Qui donc se sentirait le courage de les détromper, surtout de les blâmer? Assez tôt elles ressentiront les épines des roses qu'elles effeuillent maintenant, si rieuses, si contentes. Assez tôt, les larmes de la dure réalité remplaceront celles de leur gaieté maintenant si expansive. Assez tôt leurs cœurs, débordant aujourd'hui de bonheur, saigneront sous les coups de la douleur. Qu'elles jouissent donc quelques instants de la douceur de leur bonne et tendre amitié.

Outre ces charmes, cette amitié procure de bien précieux avantages : c'est, avant tout, un dérivatif à l'exubérance des sentiments de ces jeunes cœurs; c'est comme une soupape de sûreté contre l'explosion de passions naissantes qui, déjà peut-être, bouillonnent dans l'âme. Et si les amies sont sages, chrétiennes surtout, leurs rapports font naître de sérieuses pensées; leurs paroles expriment d'utiles conseils; leurs exemples inspirent la vertu. On s'anime au bien; on s'éloigne du mal; on s'encourage, on se console mutuellement. Quoi de plus utile? Quoi de plus agréable en même temps? C'est donc une bonne chose qu'une bonne amitié!

Toutes les amies n'ont pas la sagesse de se tenir dans les bornes du juste et du bien : « Cet âge, dit saint François de Sales, n'a de vertu qu'en bourre et de jugement qu'en bouton. » Ce n'est pas tout : de même que les fruits les plus sains, placés trop près les uns des autres, se renvoient de funestes influences et souvent finissent par se gâter; ainsi les jeunes amies, même correctes, vertueuses, se communiquent quelquefois de lamentables misères. Les confidences ne portent pas toujours sur d'inoffensifs sujets : on échange des projets ins... des conversations légères, plus même que légères. Une curiosité malsaine pousse à des recherches condamnées par la conscience. Trop prolongé ou trop souvent renouvelé et loin de toute surveillance, le contact engendre la perversion et perd les âmes; de trop nombreux exemples sont là pour le démontrer. Sans aller aussi loin, on rêve en commun des aventures honnêtes, mais imaginaires, très chevaleresques d'ailleurs. On s'expose ainsi à méconnaître, plus tard, les précautions prudentes qu'exige la vie réelle, et peut-être à se lancer, à s'égarer dans des voies compromettantes.

Ces dangers, heureusement, sont des exceptions, nous aimons du moins à le croire; mais il en est d'autres plus rarement évités. Ces jeunes amies s'abandonnent beaucoup trop à goûter la tendresse sensible; et ainsi elles amollissent leurs cœurs au lieu de les affermir. Elles s'occupent trop exclusivement de ces frivolités féminines, ennemies des pensées graves et sérieuses. Là se développe un amour excessif de la toilette et des mille détails qui s'y rapportent. C'est une émulation croissante à la vanité, à la prétention, aux plaisirs et aux triomphes mondains; impossible de signaler tous les inconvénients de pareilles amitiés. Sainte Thérèse, écrivant sa vie, parle d'une parente légère et inconsidérée, dont l'amitié et les relations suivies nuisirent beaucoup à son âme. « Liée d'amitié avec cette parente, dit-elle, je me plus dans sa compagnie. J'aimais sa conversation et ses discours, parce

qu'elle m'aidait dans tous les passe-temps qui me plai-
saient; elle m'y attachait encore davantage et je prenais
goût à ses paroles et à ses vanités. Cette amitié me chan-
gea tellement, qu'il ne me resta quasi rien de mon
naturel et de mon âme portés à la vertu. Cette compagne
m'avait comme infusé ses pensées et ses inclinations. »
La sainte termine par ces mots : « Je suis parfois
épouvantée du mal que fait une mauvaise compagnie!
une mauvaise amitié! »

C'est, d'après la même sainte, c'est aux père et mère
qu'incombe le devoir de choisir, de régler et de surveiller
les liaisons, les amitiés de leurs filles. « Si j'avais un
conseil à donner aux parents, dit-elle, je leur dirais de
regarder de bien près avec quelles personnes leurs enfants
se lient, à cet âge (de leur jeunesse); car ces liaisons
offrent un grand danger, notre nature nous portant plus
au mal qu'au bien. »

ARTICLE TROISIÈME

Relations en quelque sorte obligatoires.

Nous parlerons seulement des *soirées* auxquelles les
jeunes filles sont invitées, et assistent, accompagnées de
leurs mères et dirigées par elles.

Il y a, dans le monde où peut aller une jeune fille :
des soirées *simples*, — des soirées *dansantes*, — des
soirées *théâtrales*.

I

SIMPLES SOIRÉES

1° Ce que sont ces soirées.

Les soirées simples sont celles qui ressemblent aux *soirées de familles* dont nous avons parlé, mais qui ont un peu plus d'apparat.

On y admet et on y est admis à titre d'amis, dans le but de se récréer.

Sans doute, pas de négligence dans la toilette, mais aussi pas de recherches, pas de ce désir, hélas! si fréquent, d'être plus brillante que les autres.

Là, se retrouve encore ce qu'on appelle *les petits jeux*, un peu démodés à cette heure, parce qu'on a perdu la simplicité, mais excitant toujours un aimable enjouement.

Les uns exigent : de l'activité, du mouvement, de la mémoire; les autres : de l'esprit, de la finesse; tous : beaucoup d'attention, de délicatesse, de tact, de réserve.

On les ravive en les entremêlant de *récits*, de *chants*, de *musique*, de *lectures piquantes*, animées de *charades historiques*... etc.

Nous renvoyons, pour la plupart de ces jeux, aux volumes déjà publiés sous le titre de *Jeudis du Pensionnat*. Là, sont indiqués les *homonymes*, les *devinettes*, — la *boîte à esprit*, — les *alliances de mots*, — les *bouts-rimés*, — les *charades en actions*, — le *jeu des petits papiers*, très intéressant et très spirituel... (4 vol. in-8°).

2° Conseils pratiques pour les soirées simples.

1. Ne vous posez pas en *directrice des jeux*, et n'imposez pas votre goût, à moins qu'on ne vous en prie instamment, ce qui peut arriver dans certaines réunions où personne ne veut se mettre en avant — dans ce cas, acceptez simplement et résolument.

2. Pas d'allusions blessantes ni de plaisanteries personnelles; les plaisanteries permises doivent toujours être aimables et spirituelles. Les *Jeudis du Pensionnat* donnent de nombreux exemples. — Evitez donc de faire, avec des noms de fleurs ou de personnages historiques — des rapprochements qui puissent blesser une personne peu favorisée de la nature : par exemple donner le nom d'Esope à un bossu. En jouant, soyez toujours aimables et bienveillantes.

3. Si le jeu oblige à donner des gages et par conséquent des *pénitences*, n'indiquez rien de désagréable, ni de difficile, ni de trop ridicule — accomplissez gaîment et aussi parfaitement que vous le pourrez, les pénitences qui vous auront été imposées.

4. Si vous acceptez *un rôle* dans une charade ou une comédie de salon, mettez toute votre attention à le remplir, mais là, comme en toutes choses, pensez aux autres, c'est l'unique moyen de plaire.

5. Si on vous invite à jouer un morceau de musique ou à chanter, nous l'avons dit déjà, acceptez simplement; alors seulement que vous vous sentez capable, non pas précisément pour être admirée mais pour faire plaisir.

II

SOIRÉES DANSANTES

1° Ce que sont les soirées dansantes et ce que doit en penser une jeune fille.

Il faut dire un mot des *soirées dansantes* puisque, pour certaines positions, elles sont devenues une *triste nécessité*.

Nécessité? Est-ce bien vrai? N'est-ce pas une lâcheté, une molle condescendance au caprice d'une enfant, une diminution, une absence peut-être de sens chrétien?

Heureuses les mères qui savent en éloigner leurs filles!

Heureuses celles qui ont compris, pour elles, et qui ont fait comprendre à leur fille, *le bonheur de se priver d'un plaisir qui n'a pour but que le plaisir !*

Heureuses surtout les mères et les filles que le mot *sacrifice* sait faire tressaillir.

« Il est des âmes, plus nombreuses qu'on ne suppose, qui ignorent le magnifique trésor renfermé en elles : trésor d'aspirations saintes, de résolutions vaillantes, de sacrifices héroïques. Il y a dans les familles, comme souvent dans les montagnes, des *mines précieuses* inexplorées. Il suffit d'un mot dit par une mère chrétienne pour faire jaillir du fond de ces âmes un élan d'héroïsme. Un jour, devant une enfant de douze ans, on redisait avec les éloges qu'ils méritaient quelques actes héroïques accomplis par des enfants. Elle écoutait, la jeune chrétienne, la poitrine haletante, et tout-à-coup elle laisse

échapper ce cri héroïque : *Il faut de l'héroïsme, eh !
bien, j'en suis !*

O mères, sachez donc apprendre à vos filles la grandeur d'un sacrifice et ne méritez pas ce reproche que
faisait Pie IX à des pèlerins français :

*Ceux que vous appelez conservateurs ne font rien en
général pour Dieu. Ne sont-ils pas tous au plaisir ? Font-
ils à Dieu le sacrifice d'une seule réjouissance ? Donnent-
ils une soirée de moins ? Les dames françaises sacrifient-
elles un tour de danse ?*

Sacrifier un bal peut devenir le point de départ d'une
vie de sainteté et de dévouement. »

Jeunes filles, pour qui spécialement est écrit ce livre,
le comprendrez-vous ?

2° Dangers des soirées dansantes.

A celles qui ne croient pas pouvoir faire le sacrifice
d'un bal, nous recommandons les pages suivantes de saint
François de Sales :

1. Les danses et les bal, sont des choses *indifférentes*
de leur nature; mais leur usage, tel qu'il est maintenant
établi, est si déterminé au mal par toutes ses circonstances, qu'ils offrent de grands dangers pour l'âme.

« Je vous parle donc des bals, comme les médecins
parlent des champignons; les meilleurs, disent-ils, ne
valent rien, et je vous dis que les meilleurs bals ne sont
guère bons. »

2. Si on insistait, l'aimable saint comparait les bals
« à ces plantes vénéneuses qui attirent à elles tous les

sucs mauvais et qui infectent toute une campagne...
ainsi, disait-il, les danses attirent les vices et les péchés
qui règnent dans une ville, les querelles, les envies, les
moqueries, les folles amours, et si quelque serpent vient
siffler aux oreilles des paroles lascives, les cœurs sont
aussitôt empoisonnés.... »

Ces récréations sont ordinairement dangereuses, elles
dissipent l'esprit de dévotion — alanguissent les forces —
refroidissent la charité — réveillent en l'âme mille sortes
de mauvaises affections.

3. Si on alléguait une bienséance indispensable ou
une nécessité réelle : « Allez, répondait-il avec douleur,
mais pensez en dansant que, dans le moment même,
plusieurs souffrent en enfer pour avoir dansé. Pensez
qu'un jour peut-être vous gémirez comme eux, tandis que
d'autres danseront, comme vous le faites aujourd'hui.

« Pensez que Notre-Seigneur, Notre-Dame, les Anges,
les Saints vous ont vue au bal. Ah! que vous leur avez
fait pitié, voyant votre cœur amusé à une si grande
niaiserie et attentif à cette fadaise!

Pensez que tandis que vous êtes là, le temps s'écoule,
la mort approche; voyez, elle vient, elle se moque de
vous, elle vous appelle à sa danse, en laquelle les gémis-
sements de vos péchés serviront de violons et où vous
ne ferez qu'un seul passage de la vie à la mort. »

Et si on demandait à ce grand saint quelles conditions
devaient réunir ces danses, il répondait :

« Si vous devez manger des champignons, prenez garde
qu'ils soient bien apprêtés.... Si par quelques motifs
dont vous ne puissiez absolument vous dégager, il vous

7

faut aller au bal, prenez garde que votre danse soit bien
apprêtée.

« Or, comment le sera-t-elle?

« Par *la modestie, la dignité* et *la bonne intention.* »

4. Par respect pour les jeunes filles qui nous lisent,
nous ne rapporterons pas ce que les hommes du monde
devenus sages, par la grâce des épreuves quelquefois
terribles que Dieu leur a envoyées, ont rapporté de ces
joies et de ces fêtes du monde auxquelles ils s'étaient
livrés. — Voici seulement quelques pages capables d'impressionner une âme qui le veut bien.

Après une première danse : (Lettres d'une jeune fille).

« Si tu savais, ma bonne amie, combien fut triste la
nuit qui suivit ma première apparition à la danse. J'es-
sayai, en rentrant, de dire *mes prières*, je ne pus en
venir à bout.

Je me mis au lit, impossible de dormir.

Tout ce que j'avais vu et entendu me revenait à l'esprit : propos déshonnêtes quoique à demi voilés, chansons
inconvenantes, gestes presque insolents, laisser-aller des
danseuses... je voyais tout cela passer devant mes yeux,
j'entendais tout cela... et j'avais peur... peur du bon
Dieu!... Ah! si j'allais mourir, cette nuit!... » (Vie de
Rosalie Nelson).

Autre lettre :

« Peut-être n'y serais-je plus retournée sans les compagnes que tu connais; moitié faiblesse, moitié par crainte
de leurs railleries, je les suivis, et bientôt *je devins
comme elles.*

Pourtant, je n'étais pas tranquille, les remords me torturaient l'âme ; j'avais la certitude que ces pauvres jeunes filles qui ne pensaient pas à Dieu étaient encore plus tourmentées et plus malheureuses que moi.

Je les ai vues de près et je puis le dire : la haine, la jalousie, les mauvaises passions les déchirent. En les voyant se promener ensemble, ne va pas t'imaginer qu'elles s'aiment ; elles sont envieuses l'une de l'autre, envieuses au sujet des toilettes, au sujet des danseuses, au sujet des compliments entendus....

Oh ! combien plus heureuses *les enfants de Marie* qui se sont interdit ces bals !

Leur conscience est en paix ; elles ignorent bien des misères, elles évitent des tentations terribles, elles s'épargnent bien des fautes et bien des remords. »

La danse en elle-même, écrit un homme du monde, considérée au point de vue moral, na va pas déjà sans de grands dangers ; mais ces dangers sont beaucoup aggravés *par les circonstances* qui les accompagnent.

La danse a ordinairement lieu la nuit, à l'éclat de lumières factices et éblouissantes, avec tout le prestige de costumes et de toilettes que l'usage rend obligatoires, et avec lesquels la femme la moins réservée rougirait de paraître en plein jour devant ses domestiques.

On a de la peine à comprendre qu'une jeune fille vertueuse ose, de propos délibéré, affronter une telle situation ; mais on comprend plus difficilement encore qu'une mère soit assez inconsidérée pour se faire sa complice, et qu'elle regarde comme obligatoire de seconder ses désirs.

5. Monseigneur de Ségur, parlant de ces fêtes mondaines auxquelles, prennent part tant de jeunes filles qui
sont encore fières de s'appeler *enfants de Marie*, écrit :

La piété mondaine est un art qui croit avoir trouvé le
secret par trop commode d'allier ensemble l'esprit et la
chair, la pénitence, et le plaisir, l'amour de Jésus-Christ
et l'amour déréglé de soi-même. Elle nous donne une race
mêlée de demi-chrétiens et de demi-chrétiennes, des
chrétiens mondains et frivoles, des chrétiens corrompus
qui passent pour pieux et qui n'ont pas de mœurs; qui
joignent la communion fréquente à la rage du plaisir,
et qui s'imaginent, en passant le jour à l'église, acheter
la permission de passer la nuit dans les bals et dans les
spectacles.

O piété falsifiée, combien tu perds de jeunes gens et
de vierges folles!

Piété à la mode, piété de luxe, tu n'es qu'un vain simu-
lacre de la piété chrétienne : tu n'es qu'un faux or qui
brille au soleil et qui ne dure pas dans le feu, mais qui
s'évanouit dans le creuset.

Vienne une épreuve, une tentation sérieuse, et tu dispa-
rais comme un fantôme, parce que, sous tes formes
agréables, il n'y a rien, rien que la sensualité, la vanité,
la légèreté d'esprit.

Pauvre petite piété déconcertée, piété sans force et
sans fondement, que diras-tu à l'heure de la mort? Sur
le point de mourir, une de ces *pieuses* mondaines étendait
ses deux mains décharnées et les regardait avec effroi,
sans rien dire, l'œil fixe et hagard.... « Qu'avez-vous,
madame? lui dit la bonne Sœur qui la veillait. — J'ai

les mains vides, répondit sourdement la malade, j'ai les mains vides et je vais mourir! » Voilà ce que c'est que la piété mondaine.

6. Finissons par cette page de Mgr Luquet dans son livre *la Vocation ;* elle est écrite surtout pour *les parents ;* il est bon que *les enfants* la connaissent.

« Vous ne pouvez comprendre, ou plutôt, vous comprenez très bien ce que j'éprouve quand j'entends parler des jeunes gens et des jeunes filles, et de la part qu'on se plaît à leur donner dans les plaisirs u monde.

J'en sais que le bon Dieu avait bien doués : un beau nom, une belle fortune; ils auraient pu, dans le monde, faire beaucoup de bien — et ils se sont perdus sous les yeux de leurs parents, dans les salons de leur mère.

Ce qui se dit dans les meilleures réunions est inimaginable. Le diable se cache en certains salons; mais il n'en est pas moins redoutable, ni moins obéi.

Je ne croirai jamais que le bon Dieu ait fait des positions dans lesquelles on doive absolument s'exposer à perdre soi-même ses enfants.

On prétend par exemple que la position oblige à laisser les filles aller dans *les bals d'enfants*, invention du diable, trois à quatre fois par semaine, pour y entendre de mauvaises paroles, y voir des femmes ou des jeunes filles vêtues d'une manière qui repousse et qui fait honte. On se dit pour s'étourdir : *Tous les parents font ce que je fais ; je ne puis me distinguer en faisant autrement que les autres ; mes fils et mes filles ne trouveraient pas à se marier convenablement...* et tant d'autres choses.

Que ces raisons ont peu de valeur devant le bon
Dieu ! »

7. Nous venons de dire un mot des *bals d'enfants*, voici
la conclusion d'un long et vigoureux chapitre sur ce sujet,
emprunté au beau livre *de l'abus des plaisirs de l'éducation contemporaine,* par l'abbé Demange :

« Je supplie les parents chrétiens d'examiner d'un
jugement rassis et d'un cœur calme tout ce qu'il y a dans
ces *bals d'enfants :*

Mauvais exemple donné à la société déjà si légère et
qu'il s'agirait de faire remonter aux grandes maximes des
nations fortes ;

Déperdition de l'esprit de famille, de l'esprit de simplicité, d'économie, de travail ;

Trouble jeté dans les études qui vont s'affaiblissant
de plus en plus ;

Péril même pour la santé ;

Eléments frivoles, corrupteurs, apportés à la formation
du caractère ;

Contradiction perpétuelle avec les inspirations de
l'Evangile.

Que les familles daignent surtout réfléchir à cette dernière conséquence, absolument inévitable et qui s'impose
à leur foi chrétienne : *Plus les enfants vont dans le
monde, plus ils s'éloignent de Dieu.* »

8. Quelques lignes seulement sur *la musique et les
toilettes* de certaines soirées dansantes.

I. « Je me trouvais l'autre soir, raconte Alphonse Karr,
dans un salon où étaient réunis des gens du *meilleur
monde.*

La conversation languissait et on pria une jeune fille de se mettre au piano et de chanter :

Elle avait ce charme poétiquement virginal qui est la plus grande beauté de la femme.

Elle s'assit au piano. Il se fjt un grand silence, et elle leva au plafond un touchant regard... préluda, puis chanta *quelque chose* dont je n'ai retenu que le refrain. Ce *quelque chose* me fit rougir pour cette enfant qui, je le suppose, ne comprenait pas ce qu'elle chantait.

On nous eût rudement jeté à la porte d'un salon dans notre jeunesse, si nous eussions chanté devant des femmes ce que les jeunes filles chantent aujourd'hui devant nous. »

Une mère chrétienne doit être impitoyable pour ne jamais laisser entre les mains de sa fille ces sortes de pièces de musique qui respirent une atmosphère mondaine et toujours sensuelle.

II. La guerre du Transwaal a mis en évidence le figure grave et religieuse du président Krüger.

Voici ce qu'on raconte de lui.

La colonie française du Transwaal donnait un grand bal, à l'occasion du 14 juillet. Grâce à l'influence de M. Auber, consul de France, on avait fini par décider le président Krüger à accepter l'invitation de nos compatriotes — et on sait que le vieil homme d'Etat n'aimait pas le monde. — Toutes les dames avaient fait assaut de toilettes, et les corsages les plus décolletés s'épanouissaient dans la salle ornée de fleurs.

A l'heure convenue, M. Krüger arriva, accompagné de notre consul et d'autres personnages. Il passa le premier dans le couloir et, sans autre formalité, ouvrit lui-même la porte de la salle de bal :

— Ah! mon Dieu! s'écria-t-il, en la refermant vivement, qu'ai-je fait? ces dames ne sont pas encore habillées!

Force fut d'envoyer rapidement chercher des fichus et des écharpes et le bon président, désolé de son étourderie, ne voulut absolument pénétrer dans la salle que lorsque la toilette fut bien terminée. Et tout le temps de la soirée, il se confondait en excuses pour avoir scandalisé ces pauvres dames en les surprenant à peine vêtues.

Nul, sans doute, ne se prit à ses excuses qui déguisaient à peine la finesse avec laquelle le malin président avait donné une leçon bien méritée.

3° Le premier bal.

Les pages suivantes, reproduites dans plusieurs *Semaines religieuses*, n'ont pas été lues, nous le savons, sans exciter dans quelques âmes de jeunes filles, non seulement un sentiment d'admiration, mais un désir ardent de se montrer généreuses, grandes, et prêtes à sacrifier un plaisir longtemps attendu.

Odette de Vernin, la fille d'un général en retraite, venait de lire dans un journal, *La Croix*, ce valeureux appel à la générosité des dames françaises, pour donner à la France des députés catholiques :

Si pour gagner la bataille, il faut du sang... pour gagner les élections, il faut de l'or.... Nous vous tendons la main à tous, donnez, donnez pour la France qui ne veut pas mourir encore!

— *Oui, oui, on te donnera, ô France !* dit cette enfant de vingt ans, dont l'âme vibrait aux récits des douleurs de la patrie, et dont la nature ardente, un peu fière, un peu indomptée peut-être, faisait l'orgueil paternel.

Et quittant le coin du feu près duquel, frileusement blottie, elle lisait et relisait ce brillant appel, elle marcha résolument à sa petite chambre.

I

DANS SA CHAMBRETTE

Elle est assise, fouillant scrupuleusement les plus petits coins de son bureau, et trouvant, l'enthousiaste et héroïque enfant, la ridicule somme de 7 fr. 75.

Navrée, elle la contemple longuement et avec un profond regret; elle voit ses dernières dépenses en futiles inutilités... et la tête dans ses deux mains, elle cherche, elle cherche autour d'elle ce qu'elle peut sacrifier.

Cet appareil photographique ?... mais son père y tient, et puis, le modèle est ancien; on en retirerait peu de chose.

Sa bague ? mais, c'est un cadeau de son père au jour de ses vingts ans; et puis elle est si simple; et puis il y a, gravées à l'intérieur, une date rappelant deux événements, *sa naissance et la mort de sa mère* — et au-dessous cette fière et vieille devise : *Aime Dieu et va droit ton chemin.* Qui l'achèterait ?

Non, Odette ne peut se défaire d'un tel souvenir!

Alors, quoi?

Tout à coup, elle redresse fièrement sa brune tête, ses grands yeux noirs rayonnent; elle a senti sous sa main une mince enveloppe parfumée : *C'est une invitation pour un bal, son premier bal.*

Et elle pousse un cri! *Ah! voilà,* dit-elle, *merci, mon Dieu!*

Et saisissant précipitamment encore, papier, plume, la jeune fille griffonne :

Robe de mousseline blanche, dentelles, rubans. 130 fr.
Sortie de bal, cachemire. . . . . 170 fr.
Coiffeur, voiture, fleurs . . . . 40 fr.

TOTAL. . . . 340 fr.

II

PRÈS DE SON PÈRE

— Odette, tu n'y penses pas! répétait M. de Vernin.

Celle-ci à genoux, tout contre le grand fauteuil de son père, la tête gentiment appuyée sur l'épaule, calme, mi-rieuse, mi-grave, venait de lui conter, tout d'un bond, avec une volubilité effrayante, son désir, ses projets, le renoncement enthousiaste à ce premier bal, le calcul des dépenses, le total à envoyer.

Tout autre que M. de Vernin n'eût vu que du feu dans cet impétueux récit; il y devina ce qu'il ne put entendre; il connaissait si bien sa grande! comme il l'appelait.

— Mais, chérie, c'est ton premier bal, objecta-t-il enfin; il faut bien que tu fasses ton entrée dans le monde, je ne veux pas avoir l'air pourtant de cacher ma fille.

— Oh! petit père, tu auras bien le temps de me produire... et puis, tu sais, je ne suis pas mondaine.

— Bah! bah!... cette fête te faisait tant plaisir; tu
rencontreras tes cousines....

— Je serai bien plus heureuse d'envoyer de l'argent
là-bas, répliqua sentencieusement Odette.

— Mais tu pourras faire les deux, concilia M. de Vernin.

— Non, petit père; car je veux gagner ce que je
donnerai... c'est bien plus crâne!

Et Odette secouait la tête d'un air belliqueux.

— Enfant terrible! mais... quelle raison donner pour
excuser ta non venue au bal.

La jeune fille se redressa vibrante.

— Il n'y en a qu'une, mais elle est superbe! L'heure
est triste maintenant, trop triste pour qu'on s'amuse;
et toi, père, toi qui aimes la France si passionnément,
tu m'as appris à l'aimer comme toi — à être assez forte
pour souffrir quand elle souffre — à ne pas vouloir
au moins d'un simple plaisir, maintenant que tout est
si sombre et si menaçant chez elle.

Père, tu diras pourquoi nous refusons; c'est parce que
nous sommes de vrais patriotes et que nous ne pouvons
pas actuellement nous amuser sans crainte ni arrière
pensée.

Tu diras que l'heure est aux sacrifices, à la lutte, à
la préparation au grand combat électoral.

Tu diras qu'il vaut mille fois mieux jeter son argent
pour le salut de la France que dans n'importe quelle
fête mondaine.

Et nous donnerons l'exemple.

Si ce n'était pas *moi*, je sais bien que tu aurais refusé
cette fête tout de suite... eh bien, père, je sens comme
toi absolument; comme toi, je sens, je sens que je suis
française et je veux le prouver — *je renonce à la fête.*

Madame la Secrétaire de la *Ligue des femmes françai-*
ses reçut par lettre chargée, trois billets et un mandat,
avec ces mots singuliers :

Mon premier bal : 340 francs. — (X...).

3° Bals de charité.

Ces deux mots : *Bal, charité,* sont-ils à leur place
l'un près de l'autre ? et les pensées qu'éveille chacun
d'eux séparément peuvent-ils s'allier et monter ensemble
comme une offrande agréable à Dieu ?

1. « Quel effet moral attendre de ces *bals* où la *charité*
sert d'affiche, mais où concourent toutes les séductions
du monde, dit l'abbé Demange.

Manifester hautement et bruyamment sa joie auprès
de ceux qui pleurent, en vue de les secourir, ce n'est
pas seulement manquer de respect à leur infortune, c'est
aussi attiser les convoitises et les haines dans des cœurs
ulcérés.

Le sacrifice de nos divertissements serait, devant Dieu,
une douce et méritoire aumône — il serait aussi, devant
les hommes, un témoignage de fraternité et de sympathie.

Bals et soirées, s'écriait quelqu'un, vous avez, plus
souvent qu'on ne le croit, votre contre partie dans
l'émeute de la place publique et les enterrements soli-
daires.

Je n'insiste pas sur les dangers que courent l'innocence, la pudeur et la dignité dans ces représentations éblouissantes où se réunissent, pour charmer les sens, détourner des devoirs austères, les foules impressionnables, et affaiblir la vertu dans les cœurs les plus fermes, ... mais, pour qui examine les choses à fond, le motif de bienfaisance n'apporte aux bals et aux fêtes de ce genre, aucune excuse victorieuse. *La fin ne justifie pas les moyens.* »

2. Le pape Léon XIII, s'adressant aux membres de la Société de Saint-Vincent-de-Paul, leur disait :

« On voudrait dépouiller, même les œuvres de bienfaisance publique, de ce caractère religieux qui doit leur être propre et qui, seul, peut vraiment les rendre fécondes. — A *la charité,* on voudrait substituer un *amour naturel et humain* qui ne vise pas au delà des besoins matériels et qui, tout en s'affichant souvent d'une manière bruyante, ne parvient pas cependant à enlever aux misères humaines ce qu'elles ont de plus amer.

La philanthropie moderne favorise les œuvres de bienfaisance par un sentiment de gloire plutôt que sous l'impulsion d'un véritable esprit de piété.

Elle les soutient avec le produit des passe-temps et des divertissements, plutôt que par l'obole de privations spontanées.

Loin d'aimer le pauvre, en compatissant à ses peines, elle met tous ses soins à le soustraire à la vue du public, comme si le pauvre était dégradé par les secours qu'il reçoit. »

3. Un homme du monde raille spirituellement une jeune fille à qui il écrit :

Quel dévouement est le vôtre, Hortense, pour assister à ces bals dans lesquels on se réjouit au profit de ceux qui souffrent et l'on s'amuse à l'intention de ceux qui meurent de faim! Allons, vous n'avez rien à refuser aux pauvres, vous êtes si bonne, pas même cette dernière contredanse que réclame de vous un élégant danseur. Oh! les pauvres sont bien heureux et votre danseur aussi est heureux!

Mais puis-je vous parler franchement? En voyant toutes ces dentelles et toutes ces toilettes dont le prix nourrirait une ville, et ces coûteuses créations de la mode, je me prends à dire tout bas : *Il y aurait là de quoi soutenir, pendant un mois, plusieurs familles pauvres et quand la fête sera finie que leur reviendra-t-il?*

Non, non, ne donnez pas à vos réunions mondaines le beau nom de *charité*. La charité pleure avec ceux qui pleurent; la charité se dépouille pour les vêtir, elle se prive pour leur donner du pain.

4. L'abbé Bolo résume dans son livre plein de vie et de sages conseils : *Les jeunes filles*, une instruction sur la danse.

« On peut juger la danse à trois points de vue différents : au point de vue philosophique, au point de vue moral, au point de vue de la foi.

1. « *Au point de vue philosophique*, le Saint-Esprit a dit juste, quand il l'a appelée : « *un vertige, une folie* ». Pour bien apprécier ces gens qui ont la passion de tour-

ner en rond et de faire des simagrées en mesure, il n'y a qu'à les regarder en se bouchant les oreilles. Lord Byron compare les valseurs à « *deux hannetons enfilés à la même épingle, autour de laquelle, ils tournent, tournent, tournent.* » La raison ne pourra jamais s'expliquer que par des motifs peu définissables quel avantage une femme sensée trouve à faire l'exercice d'une cireuse de parquets, aux bras d'un valseur qui n'est pas son mari, ni son frère.

2. « *Au point de vue moral,* vous saurez, jeunes filles, à quoi vous en tenir, quand vous aurez vous-mêmes de grandes filles à surveiller. En attendant, laissez-moi vous rappeler la parole de Job : « Les enfants des hommes aiment à sauter pour se réjouir, au son des tambourins. Et, tandis qu'ils se livrent aux transports de leur joie, ils descendent en enfer. » Le texte original ne dit pas précisément « descendent », mais « glissent et tombent tout à coup ». De fait, quoique l'on ne commette pas nécessairement un péché mortel, pour danser, le diable, qui bat la mesure, sait bien où il veut conduire les danseurs. Ces parquets cirés, sur lesquels on glisse facilement, sont l'image fidèle du terrain glissant sur lequel on s'agite et qui est incliné du côté de l'abîme. C'est pourquoi lorsque saint François de Sales permettait à une de ses Philotées d'aller à des bals (où l'on ne valsait pas), il lui faisait une série de recommandations que je vous conseille fort de lire dans *l'Introduction à la Vie dévote.*

3. « *Au point de vue de la foi,* j'ose à peine vous dire ce que deviennent les danses!

« La foi, dans tout chrétien, voit un membre de Jésus-Christ, nourri de sa chair, ennobli de son sang. De quel œil peut-elle regarder ce chrétien, cette chrétienne, minauder et pirouetter en pleines pompes du diable?

« La foi, dans tout chrétien, voit un pécheur repentant, un pénitent, bien plus : un cœur qui porte le deuil de Jésus innocent, crucifié pour ses péchés. Que peut penser la foi, en voyant ces chrétiennes s'amuser comme des folles et se prêter, en même temps, à l'amusement de toutes sortes de pervertis? »

En résumé. — Le *paradis* n'est pas fait pour les fous. La *sainteté* n'a rien à voir avec le carnaval.

III

SOIRÉES THÉÂTRALES

1º Ce que sont les soirées théâtrales.

Elles sont plus dangereuses peut-être que les *soirées dansantes*.

Elles demandent moins de préparatifs de toilette. — Elles peuvent être plus fréquentes. — Elles impressionnent non pas peut-être plus ardemment, mais plus profondément, et l'impression du théâtre est plus dangereuse encore que la *lecture des romans*.

Ce n'est plus la passion *calquée*, c'est la passion *effective*, la passion avec *ses langueurs et sa fougue* — avec ses *détails attachants*, ses *accidents dramatiques* qui pénètrent et impressionnent les natures les plus froides.

2° Le théâtre en lui-même.

Certes, pas plus que les moralistes les plus sévères, nous ne condamnons *en elles-mêmes* les soirées théâtrales.

Reproduire les scènes glorieuses de l'histoire d'un peuple, les beaux dévouements de l'amour paternel, — les dévouements plus impressionnants peut-être de l'amour maternel, de l'amour filial, de l'amour de la patrie;

Mettre en action le triomphe de la volonté forte et généreuse sur une passion qui semblait irrésistible — la puissance de la vertu sur tout ce que le monde offre de plus attrayant — l'attrait du beau, reflet de la beauté divine;

C'est entraînant, c'est utile aussi.

Et si, de ce spectacle qui a pour but l'élévation de l'âme, la formation de l'esprit, les joies délicates d'une imagination attirée par tout ce qui est beau, nous passons à ces *scènes plus familières de la vie domestique*, où l'on montre ses joies intimes, ses peines irrévocables, les scènes imprévues qui excitent dans ses membres le dévouement, activent l'intelligence, développent l'habileté de l'esprit....

Nous dirons avec tous les éducateurs et tous les moralistes : ce sont là des œuvres à favoriser et à applaudir.

Et alors même qu'on ne demanderait au théâtre qu'une *récréation* de l'esprit, dans ces scènes qu'on appelle *comédies*, celles-là encore sont à accepter de plein cœur, quand elles restent dans les limites d'une *réserve scrupuleuse*.

Rien ne délasse comme le bon rire, le rire honnête et franc; rien ne *récrée*, — dans toute l'extension de ce mot *récréer*, — rien ne prépare un sommeil réparateur comme une soirée agréable et gaie.

3° Le théâtre tel qu'il est.

Mais le théâtre, tel qu'il se présente actuellement, est, on peut le dire, toujours *dangereux*; dangereux dans *les pièces* qui sont jouées, — dangereux *dans les costumes qu'il étale*, — dangereux dans la *société* qui se presse pour les entendre.

Les pièces offrent, presque toutes, des scènes : ou blessant les mœurs, — ou faisant rire de la vertu, — ou apprenant à mépriser l'autorité légitime, — ou représentant le vice sous des traits aimables et séducteurs.

Elles sont remplies : de maximes anti-chrétiennes sur le point d'honneur, — sur l'amour des richesses et du luxe, — sur le désir et la joie de la vengeance, — sur le goût et la licéité de tous les plaisirs mondains.

Elles dénaturent les enseignements et les faits de l'Eglise catholique, les exposent ou les représentent sous un aspect qui les rend ou ridicules ou inspirés par les passions.

On ne sort jamais d'une soirée théâtrale : sans trouble dans l'esprit, — sans exaltation dans l'imagination, — sans énervement dans la volonté, — sans impressions sensuelles, — sans dégoût de la vie ordinaire, — sans le désir ardent d'y retourner encore.

C'est du théâtre qu'on a dit avec vérité : *Il est plus facile de ne pas y aller que de ne pas y retourner.*

Le théâtre est par lui-même le grand *fascinateur.*

4° Jugement des hommes du monde sur le théâtre.

1. Ecoutez le jugement d'un homme qui ne paraîtra suspect à personne, d'*Alexandre Dumas, fils.*

Il dit dans son discours de réception à l'Académie :

« Les jeunes filles, nous ne les convions pas à nos comédies et à nos drames. Il n'y a pas de contact possible entre nous et ces âmes délicates qui n'ont d'exemples à recevoir que de leur famille ou de leur religion.

Nous n'avons pas plus à savoir qu'il y a des jeunes filles, qu'elles n'ont à savoir qu'il y a des auteurs dramatiques.... Nulle de nos scènes n'est un modèle à leur proposer ni même un tableau à leur faire voir.

C'est un homme de théâtre qui vous parle : *Il ne faut jamais nous amener vos jeunes filles.*

Et savez-vous pourquoi je m'exprime si nettement? Parce que je respecte tout ce qui est respectable. Je respecte trop les jeunes filles pour les convier à tout ce que j'ai à dire, je respecte trop mon art pour le réduire à ce qu'elles peuvent entendre. »

Le même Alexandre Dumas dit dans une de ses préfaces adressées au public :

... « Tu n'as pas mené ta fille à nos drames, tu as eu raison.

Il ne faut jamais mener sa fille au théâtre, disons-le une fois pour toutes.

Nous avons là, entre grandes personnes à qui la vie réelle en a déjà appris long, nous avons à nous dire des choses que les vierges ne doivent pas entendre.

Le théâtre étant la peinture et la satire des passions et des mœurs, *il ne peut qu'être immoral;* les passions et les mœurs moyennes étant toujours immorales elles-mêmes.»

Rien à ajouter à un jugement signé d'un tel nom.

Il suffira de le signaler aux directeurs de conscience, aux pères, aux mères de famille, à tous ceux qui ont charge d'âmes.

Si, de l'aveu d'Alexandre Dumas, le théâtre ne peut être qu'immoral; si l'on voit et si l'on dit, en ce mauvais lieu, des choses que les vierges ne doivent ni regarder ni entendre, si enfin il ne faut jamais y mener une jeune fille — n'est-il pas évident que *ce plaisir* est incompatible avec une vie pieuse et avec l'austérité de la morale chrétienne?

2. Oh! que Châteaubriand avait raison de dire à Ozanam, jeune encore : *N'allez jamais au théâtre!*

Et comme Ozanam était fier et heureux de pouvoir dire à ceux qui le pressaient d'assister à une représentation qui attirait tout Paris : *M. de Châteaubriand m'a dit qu'il n'était pas bon d'aller au théâtre.*

Sont-elles nombreuses les jeunes filles qui ont le courage de dire et de comprendre la portée de cette parole : *Mon confesseur m'a dit qu'il n'était pas bon d'aller au théâtre?*

L'une d'elles, morte à dix-neuf ans, disait sur son lit de mort, avec un bonheur qui rayonnait dans son regard: *Que je suis heureuse d'avoir toujours refusé d'assister à un bal ou à un spectacle! Je suis contente de mourir sans avoir vu tout cela.*

Y aurait-il, à cette heure, après quelques mois de fréquentation du monde, beaucoup de jeunes filles assez généreuses pour dire à la pensée d'un bal ou d'un spectacle : *Je suis heureuse d'en faire le sacrifice?*

Ces paroles, presque vous toutes, jeunes filles, vous les avez dites et bien sincèrement, aux jours heureux d'une retraite faite au pensionnat, mais, dit un homme d'expérience, le P. Hamon :

Que reste-t-il encore de la pensionnaire qui revenait à la maison si pieuse, si soumise, si empressée à être utile?

Le pensionnat religieux l'avait rendue *habituée au travail et à la règle;* et voici qu'elle passe ses journées dans le désœuvrement le plus complet. Le caprice est la seule règle de sa vie.

Le pensionnat l'avait rendue *modeste et simple dans ses goûts;* aujourd'hui, elle ne songe plus qu'à la vanité, à la toilette, aux amusements du monde, à ses frivolités.

Le pensionnat l'avait rendue *chrétienne;* aujourd'hui vaut-elle mieux qu'une aimable païenne? Où sont ses vertus? Où sont ses bonnes œuvres? Les quelques pratiques extérieures de piété qu'elle garde encore par habitude, ne manquent-elles point d'âme et par conséquent de mérites devant Dieu?

Elle vit, comme si toute l'existence se résumait dans ces quelques mots : *S'amuser, s'admirer, se faire admirer.*

Pauvre jeune fille!

3. Voulez-vous un bel exemple de fermeté et de fidélité aux lois de l'Eglise?

En 1845, il y eut à Liège un jubilé qui attira à la cathédrale une foule immense.

Des ennemis de Dieu, pour faire échouer cette manifestation cléricale offrirent la somme énorme de *trois mille francs* par représentation à Rachel, cette artiste parisienne que nous enviait le monde entier.

La juive Rachel accepta, fière de lutter contre le fanatisme catholique; et le rédacteur du journal *Les Débats,* annonçant cette acceptation, osa prédire que *la vierge des théâtres l'emporterait sur la vierge des autels.*

Le directeur de la scène, plein d'espérance, éleva le prix d'entrée pour obtenir plus abondante recette.

La salle resta vide et l'église fut pleine.

Surpris et honteux, il rétablit les prix ordinaires. — Salle vide, église pleine.

Il baissa les prix. — Salle vide, église pleine.

Cette fois, Rachel, piquée dans sa vanité, annonça une représentation gratuite. — Encore, comme là veille et comme l'avant-veille : *Salle vide, église pleine.*

Honteuse de cet insuccès, le premier qu'elle eût subi, Rachel est forcée de s'écrier comme Julien l'apostat : *Tu as vaincu, Galiléen,* et repart la nuit pour Paris.

Gloire aux catholiques de Liège !

4. Lisez *ce jugement* prononcé par les magistrats du Canada contre des artistes français qui, sur la demande de plusieurs pères de famille, furent traduits devant les tribunaux pour avoir joué au théâtre des pièces immorales :

« La profession que vous exercez laisse à supposer que vous possédez assez d'intelligence et d'instruction pour comprendre ce que vous faites, en violant les lois de la pudeur sur la scène et en cherchant à amuser votre public avec des compositions qui prônent l'adultère et le concubinage, et qui ridiculisent les institutions sur lesquelles la société est basée.

Vous accomplissez au sein de notre population une œuvre délétère et maudite.

L'or que vous gagnez ainsi devrait vous brûler les doigts et le métier auquel vous vous livrez devrait vous faire rougir de honte.

Je répéterai pour vous ce que je disais dans une cause semblable, il y a quelques années :

Il importe que les bons citoyens éloignent la jeunesse des mauvais spectacles et que nous la préservions par tous les efforts possibles du danger des chansons lascives et des lectures immorales.

Les artistes qui nous viennent de France sont sûrs des sympathies de notre population : mais pour l'amour de l'art, pour la gloire de leur grand pays, pour l'honneur des institutions où ils se sont formés, qu'ils évitent donc tout ce qui tend à corrompre les jeunes gens de notre pays.

Empruntons aux cités du vieux continent ce qu'elles ont de bon, mais n'allons pas pervertir notre brave jeunesse avec des idées d'art et de liberté qui sont la négation du beau et du bon, et produisent toutes sortes de désordres. »

Ce ne serait pas dans nos tribunaux français que seraient prononcées de semblables paroles.

5° Dangers du théâtre.

Nous ne pouvons pas tout dire dans ce livre destiné à des âmes pieuses, mais nous croyons utile de conclure nos conseils par les paroles que Mgr Besson adressait aux familles assez imprudentes pour mener leurs enfants au théâtre :

« L'enfant que vous avez une première fois conduit au spectacle, l'enfant à qui vous venez *d'offrir la tentation*, n'en est-il pas du premier coup le jouet et la victime ?

Ramenez-le, dans votre demeure, cet innocent que vous avez perdu ; dites-lui que l'heure du repos est venue et cherchez sur son front le baiser de la tendresse filiale.

Vous veillerez encore auprès de sa couche, mais vous n'y serez pas seul ; vous avez ramené avec vous, sans vous en douter, un cortège brillant d'actrices et de comédiens qui apparaîtront en rêve à votre enfant, et qui prolongeront pour lui, dans une nuit pleine d'agitation, les plaisirs de la soirée.

Le lendemain, il y rêvera encore ; bientôt l'étude, la retraite, les joies de la famille vont lui paraître insupportables. Vous vous en apercevrez ; il sera trop tard.

Non, vous ne conduirez pas vos fils au théâtre, mais ils iront à votre insu.

Votre surveillance sera trompée, vos précautions les plus habiles seront déjouées : un an, deux ans se passeront, et ce jeune homme que vous croirez peut-être le plus innocent de son âge, n'aura plus pour vous ni respect ni affection.

Sa vie s'écoulera en intrigues avant même que vous les ayez soupçonnées et le jour où tout sera découvert, quand votre autorité indignée se relèvera pour frapper et punir, quand votre main s'étendra sur cette tête rebelle pour la menace de la malédiction, les yeux de votre fils n'auront plus de larmes, ses genoux ne fléchiront plus. Son front se redressera... et de ses lèvres railleuses s'échappera, en réponse à vos malédictions, cette parole qu'il aura apprise au théâtre : *Je n'ai que faire de vos dons.* »

6° Conseils pratiques pour le théâtre.

Dans les lettres attribuées au P. Olivaint, nous trouvons cette page adressée à la jeune fille qui lui demandait si elle pouvait aller au spectacle.

« On ne peut pas, en général, permettre d'aller au théâtre, parce qu'il y a presque toujours danger et scandale, non seulement à cause des pièces elles-mêmes, mais encore à cause des peintures, des décors, des acteurs, des compagnies auxquelles on risque de se trouver mêlé, et de ce qu'on est exposé à voir et à entendre.

Quoi qu'il en soit de la question théorique, la solution pratique n'est pas douteuse, s'il s'agit d'une *fréquentation habituelle des théâtres*.

Tout au plus pourrait-on excepter quelques pièces classiques; et encore n'est-il pas permis aux parents d'y conduire leurs enfants, sans avoir pris des renseignements exacts et consciencieux.

Cependant, comme les spectacles ne sont pas absolument mauvais en eux-mêmes, il peut y avoir des raisons suffisantes pour y assister, *dans certains cas et avec des réserves convenables.*

Etes-vous dans ces conditions exceptionnelles?

Je le croirais volontiers.

Vous ne pouvez guère refuser cette condescendance à vos parents sans les irriter; les pièces auxquelles on veut vous faire assister ne sont pas immorales et, en prenant quelques précautions, il ne peut y avoir de gros périls pour votre âme.

Allez-y donc le plus rarement possible, en laissant entendre avec discrétion et avec à-propos *que vous n'y tenez pas et qu'on vous ferait plaisir de vous éviter cette exhibition.*

Si vous ne croyez pas pouvoir l'esquiver toujours sans inconvénients sérieux, prenez vos mesures pour que votre âme n'ait pas à en souffrir. Il ne faut pas être maussade, arborer un habit de deuil ou tourner le dos à la scène; votre bon sens vous dira ce qu'il convient de faire et ce qu'il convient d'éviter.

Allez-y rondement et ne vous chicanez pas pour des riens.

J'ai connu une dame qui, obligée de suivre son mari au théâtre, portait un cilice sous ses habits. Je ne vous dis pas d'en faire autant, mais cet exemple vous montre comment on peut s'y prendre pour rendre des représentations inoffensives et même méritoires; il prouve aussi qu'il ne faut pas trop se hâter de juger et de condamner.

Que la sainte Vierge vous aide à concilier pour le mieux la condescendance que vous devez à vos chers parents avec le soin de votre âme, mettez-vous bien sous sa protection.

Adieu! ma chère enfant. Défiez-vous du monde qui est méchant et *qui passe*, et abandonnez-vous à Notre-Seigneur qui est bon et *qui demeure*.

Courage et confiance.... »

Lisez *les impressions* qu'a laissées dans une belle âme de jeune fille une soirée passée au théâtre.

Rien d'inconvenant ce soir là, rien qui ait fait rougir — ce qui est rare, bien rare; mais ces quelques heures au milieu d'une atmosphère de luxe, de joies mondaines, de toilettes voyantes et affectées, des pensées qui exaltent, des scènes qui émeuvent... ont troublé cette âme, et elle écrit avant le lendemain :

« Puisque père m'a conduite au théâtre, je ne pense pas avoir mal fait en y allant; néanmoins je me sens toute drôle. Je ne prends aucun goût ni à mon règlement ni à mes exercices de piété.

« J'ai la tête assourdie de motifs musicaux et ma cervelle est comme un bocage où piaillent pêle-mêle moineaux et rossignols.

« Je trouve mes parents moins bien, la vie plus laide; j'aime moins Dieu, je n'ai pas la conscience bien tranquille avec les pensées, les idées, les sentiments qui m'ont trotté et me trottent encore par l'esprit.

« La seule considération qui me rassure, consiste en ce que père se serait fâché, si j'avais fait des difficultés, et me tourmenterait peut-être au lieu de me laisser bien tranquille, s'il s'apercevait que mes petites dévotions lui deviennent un embarras en ce qu'il croit parfaitement convenable et permis. » (Bolo).

La jeune fille qui a écrit ces lignes est une de celles sur qui le bon Dieu peut compter pour faire du bien, dans sa famille et dans le monde.

Connaissez-vous le trait cité plusieurs fois sous ce titre : *Le rosaire au théâtre ?*

Sans se faire une spécialité de la dévotion, Napoléon Ier en avait conservé des idées assez nettes, par suite de l'instruction religieuse qu'il avait reçue dans son enfance et dans sa jeunesse.

Or, au temps de sa plus grande prospérité, alors qu'il faisait jouer *Talma* devant un parterre de rois, il était un soir au théâtre, à Paris, assisté d'un page qu'il affectionnait et voulait attacher à sa fortune, parce qu'il s'appelait *Rohan-Chabot, prince de Léon.*

L'empereur suivait le spectacle d'un œil distrait et examinait l'assistance.

Ses yeux s'arrêtèrent, à plusieurs reprises, sur le jeune duc, qui avait l'air de réfléchir et de s'occuper assez peu de ce qui se passait sur la scène. Il tenait obstinément les mains cachées sous une fourrure pliée sur ses genoux.

Tout à coup l'empereur se penche, plonge rapidement la main droite sous la fourrure, et saisit dans la main de son page... *un chapelet.*

A cette époque le chapelet était peu en honneur et le page s'attendait à une verte semonce.

— Ah! ah! Auguste, je vous y prends, dit l'empereur au jeune duc tout confus. Eh bien, mon ami, cela me fait plaisir; vous êtes au-dessus de ces fadaises de la scène, vous avez du cœur; et un jour vous serez un homme.

Et l'empereur lui rendit son chapelet, en lui disant :

Continuez, je ne vous dérangerai plus.

Les témoins de l'aventure n'osèrent pas rire en entendant parler ainsi le maître.

Le page *au chapelet* est effectivement, selon le mot de Napoléon, devenu un homme. Il est mort cardinal-archevêque de Besançon et a laissé dans son diocèse d'ineffaçables souvenirs de piété et de bienfaisance.

Encore un trait :

Par goût, et surtout par suite de ses convictions chrétiennes, le colonel Paqueron fréquentait peu le théâtre. Un soir qu'il venait de dîner avec son ami, le général Nègre, celui-ci qui conservait certaines habitudes de vie mondaine, lui avoua qu'il se proposait de terminer sa journée, en assistant à la représentation d'une pièce dont on lui avait vanté le mérite, et il l'invita à l'accompagner :

— Volontiers, dit le colonel; mais de votre côté vous ne me refuserez pas auparavant un petit service. J'ai affaire pour cinq minutes dans une maison peu éloignée d'ici. Venez-y avec moi.

Entendu, réplique gaiement le général Nègre.

Quelques minutes après, les deux amis se trouvaient dans une misérable chambre que remplissait une pauvre famille, composée de sept personnes. Le père, depuis longtemps malade, était étendu sur un grabat à peine recouvert de quelques lambeaux de drap. La mère entourée de ses cinq enfants, pleurait auprès du lit.

A la vue d'une si grande misère, le général s'attendrit; une larme de compassion lui monta aux yeux. Paqueron s'y attendait :

— Si nous laissions ici l'argent du spectacle? murmura-t-il à l'oreille de son ami.

A cette invitation, reprenant sa gaîté de tout à l'heure, le général de répliquer :

— Vraiment, mon cher, c'est encore un traquenard de votre façon; inutile d'essayer de retirer la patte! Mais je ne saurais vous en vouloir.

Et lui remettant trois pièces d'or :

— Tenez, lui dit-il, voilà pour vos protégés. Et c'est à Notre-Dame-des-Victoires, n'est-ce pas, que nous irons de suite conter notre aventure.

Ainsi fut-il fait.

Et voilà comment ce soir-là, au milieu du groupe des messieurs qui, selon un antique usage, entourent de plus près l'Autel de l'Archiconfrérie, se trouvaient confondus et perdus un général et un colonel.

DERNIERS AVIS

Avant d'entrer dans le Monde.

Voilà le monde, dans lequel vous êtes appelées à vivre.

1. *Précautionnez-vous contre son influence*, cette influence qui envahit lentement, délicatement, mais qui pénètre pour y régner en maître, dans *l'imagination* d'abord — puis, dans le *cœur*, — puis, dans les *sens* et dans l'être tout entier.

2. N'allez jamais dans le monde uniquement pour y trouver une jouissance, vous procurer un plaisir, vous débarrasser d'un ennui, vous y sentir mieux que chez *vous*; c'est alors que vous seriez *envahie, captivée...* et, une fois le goût du monde dans l'âme, il est bien difficile de résister à son entraînement.

3. Allez au monde pour conserver des relations nécessaires, même quelquefois pour vous procurer un délassement, mais toujours *avec mesure*, et, au fond de votre âme, gardez une *certaine crainte* qui n'est que la pré-

sence de votre ange gardien rendue sensible et qui vous
protégera.

4. Soyez dans le monde — on l'a dit bien ingénieuse-
ment — comme on est dans une *antichambre;* on y passe,
on y séjourne même, mais seulement pour attendre; on
n'est là qu'en passant, et si on s'y assied, ce n'est jamais
pour prendre ses aises.

5. N'ayez jamais pour but de vous faire remarquer
dans le monde par *un éclat* de toilette qui éblouirait.

Ne faites *tache* nulle part, mais soyez heureuse de
passer un peu inaperçue. La femme dont on parle peu
dans les soirées en sort sans être amoindrie.

6. Souriez toujours un peu — en dedans au moins —
de la banalité des compliments que vous entendez et de
ceux surtout qu'on vous adresse.

7. Tenez votre place dans cette foule qui va, qui vient,
qui s'agite, qui pose, qui se montre... mais toujours
dignement.

8. Soyez au courant de ce qui se dit, mais ne soyez
pas la première à apprendre une nouvelle; ne soyez
surprise de rien et retenez discrètement *une parole sensée*
qui voudrait vous échapper, en entendant les sottises
dites avec un aplomb étonnant. Vous vous feriez des
ennemies et ce que vous diriez ne servirait de rien.

9. N'acceptez pas *les jugements* que vous entendez
sur le compte des autres. Sans doute faites votre profit
de ce que vous entendez, mais n'y croyez *qu'à moitié,*
ou même *pas du tout;* vous serez mieux dans le vrai.
Parler des autres dans ce monde, c'est presque toujours
critiquer, blâmer, dénigrer, calomnier.

10. Prenez garde, le monde cherche à *pénétrer dans la famille la plus chrétienne*, comme, à travers les fentes à peine visibles d'un navire, pénètre l'eau de la mer.

Il y pénètre doucement, lentement, hypocritement; il y pénètre par des habitudes lâches d'abord, un peu efféminées, puis petit à petit presque voluptueuses.

Il y pénètre en diminuant la régularité des prières, — la soumission aux lois de l'Eglise — l'autorité de la vie chrétienne — en laissant disparaître, comme inutiles et fastidieuses, ces lectures réconfortantes de la *Vie des Saints* et du *saint Evangile*.

Elles deviennent nombreuses les familles se disant encore chrétiennes, étant encore chrétiennes sans doute et dans lesquelles le nom de Jésus-Christ est encore prononcé, et où l'image de Jésus-Christ est encore en honneur, mais dans lesquelles ni la *vie de Jésus-Christ,* ni *son enseignement* ne se rencontrent plus.

Nombreuses aussi les familles dans lesquelles, avec une indifférence qui attriste, on promet aux enfants, comme récompense d'un succès ou d'un effort, *une soirée au théâtre.*

Voyez si ce mot d'Abd-el-Kader, un musulman — ne dit rien à votre âme de chrétienne :

Abd-el-Kader était interné à Bordeaux et avait avec Mgr Donnet les relations les plus respectueuses et les plus amicales.

Un jour, l'ancien émir est invité par des officiers français à se rendre au théâtre.

Et, parlant de cette invitation à l'Archevêque : *Venez avec moi, Monseigneur,* lui dit-il simplement :

8

Un évêque ne va pas au théâtre.

— Mais si un évêque n'y va pas, puis-je y aller moi? répondit vivement Abd-el-Kader.

— Abd-el-Kader céda cependant à l'invitation.

Le lendemain, il était triste et sombre; et l'Archevêque lui demandant le sujet de cette soudaine douleur.

Hélas, dit-il, *hier j'ai failli*. Je suis allé au théâtre; et si je n'ai pas compris ce qui se disait sur la scène, *mes yeux ont trop vu*.

Et Abd-el-Kader s'imposa *douze jours de jeûne*.

11. Dès que vous sentez le besoin de cacher quelque chose à votre mère, dès que vous avez peur que son regard découvre ce qui se passe en vous, prenez garde! *Le démon est là*, le démon du mystère, le démon de l'hypocrisie, le démon du mensonge.

C'est lui qui murmure à votre âme : *On ne dit pas ces choses là.*

Si vous n'osez pas aller à votre mère, allez au *prêtre;* le prêtre a *des grâces*, pour entendre et pour comprendre — *des lumières* pour voir — *des conseils* pour diriger, plus sûrs, parce qu'ils sont divins, que ceux de votre mère. Il a surtout la grâce des sacrements pour vous purifier, vous ramener, vous préserver.

12. Il y a, dans le monde, *des aspirations légitimes* celles-là, faites-les vôtres.

Elles ont pour but *la santé, les richesses, les honneurs, les plaisirs.*

1. *La santé.* — Elle est un bien, et *en elle-même* et *dans ses rapports avec la vie tout entière*. On a pu dire

avec esprit que la santé était *l'unité faisant valoir tous les zéros de la vie*, et c'est vrai.

Il faut *apprécier* la santé, il faut *la maintenir* quand on a le bonheur d'en jouir, il faut chercher à la *rétablir* quand elle s'est affaiblie. La plupart des miracles de Jésus-Christ, pendant sa vie mortelle, et des miracles opérés encore par l'intercession de la sainte Vierge, avaient et ont pour effet de rendre la santé.

2. *Les richesses.* — Elles sont un bien *en elles-mêmes* comme la santé, et à *cause des œuvres de miséricorde* qu'elles permettent de faire.

Elles sont la récompense naturelle et légitime du travail qui est une vertu; et Dieu a promis au travailleur actif et intelligent qui respecte sa loi la *paix* et *l'abondance*, toujours au moins le *nécessaire*.

3. *Les honneurs.* — Ils ne sont pas incompatibles avec la vie chrétienne; et il y a de nobles ambitions qu'il est non seulement permis, mais bon de rechercher.

Non, il n'est pas coupable celui qui par ses études se prépare une position honorable.

Ils ne sont pas coupables ni l'artiste, ni le savant, ni le soldat, ni le citoyen qui tendent à acquérir une légitime influence pour le bien de leur pays.

4. *Les plaisirs.* — L'Église ne les condamne pas en eux-mêmes; elle les approuve, elle les bénit; elle les montre même comme un reflet des plaisirs éternels du paradis.

Plaisirs de l'intelligence : *l'étude, la lecture, les voyages.* — Plaisirs du cœur : *la famille, l'amitié.* — Plaisirs des sens : *la vue et l'audition de ce qui est beau*, de ce qui est *émouvant*, de ce qui *fortifie*, de ce qui *récrée*.

L'Eglise condamne seulement :

L'excès du plaisir qui, affaiblissant le corps et l'intelligence, empêche l'accomplissement du devoir. — *Les plaisirs sensuels* qui, envahissant peu à peu l'être moral et intelligent, l'avilit et fait de lui un être dégradé.

Seulement n'oublions pas que la *santé*, les *richesses,* les *honneurs*, les *plaisirs,* ne sont pas *les biens suprêmes* de l'homme.

Aimons-les, cherchons-les, acceptons-les sans doute, mais avant eux, mais plus qu'eux, aimons, cherchons, acceptons la volonté de Dieu, et toujours soyons fortement résolus à ne jamais transgresser les lois de Dieu.

*
**

Concluons par la belle page de A. de Margerie dans son livre : *La famille.*

Le monde prend du temps. Il en dévore le meilleur et le plus clair. Aux yeux de quiconque s'est laissé gagner par son esprit, les obligations qu'il impose viennent immédiatement après ces devoirs d'état qu'on ne peut négliger sans compromettre sa position et bien avant ces autres devoirs auxquels, suivant que la conscience est plus ou moins délicate, on fait dans la vie une part plus large ou plus restreinte. Ce qu'il dévore, ce ne sont pas seulement les heures qui lui sont visiblement consacrées, ce sont aussi celles qui précèdent et qu'absorbent les préparatifs ou les préoccupations de l'attente; ce sont encore celles qui suivent et qu'il remplit de ses souvenirs.

Le monde prend de l'argent. N'acceptant comme siens que ceux qui font figure chez lui, il tend à établir entre eux une émulation toujours croissante d'élégance et de luxe. Il le prend à l'une des deux sources que voici, souvent à toutes deux.

Ou bien il *puise dans le capital*, et pour augmenter le revenu présent, diminue les revenus de l'avenir.

Ou bien il *prend la part du pauvre.*

La nécessité factice de paraître au dehors avec un certain éclat, suffit pour mettre le budget des dépenses hors de toute proportion avec le budget des recettes. Le seul parti qui reste, c'est d'économiser sur quelque autre article. Mais on s'aperçoit que la plupart se refusent à une diminution. Un seul, plus indéterminé, plus élastique, tarifé non par les besoins matériels de la famille, mais par la conscience, se prête à toutes les réductions et peut au besoin disparaître : c'est *l'article de la charité.* La tentation est forte, et c'est un fait trop certain qu'on y succombe d'ordinaire, si bien qu'aux formules économiques découvertes par les maîtres de la science, on peut ajouter cette loi générale : *que le luxe du monde et le luxe de l'aumône sont en raison inverse l'un de l'autre.*

Le monde dégoûte, par son brillant et son bruit, du calme un peu terne de la vie intérieure. Sans doute, on s'ennuie dans le monde, et plus qu'en aucun lieu on s'y fatigue, on s'y contraint, on s'y aigrit. Mais parfois on s'y enivre; on prend l'habitude de ne respirer que dans une atmosphère excitante. Est-ce merveille que, retombant au sortir de là dans les chaînes du devoir domestique, du ménage à tenir, des enfants à soigner, on s'en dégoûte, on s'en décharge autant qu'on peut?

Le monde enfin c'est tout le monde. Ce n'est pas cet ami choisi entre mille, dont toute parole est un bon sentiment ou un bon conseil; c'est le premier venu qui approchant son fauteuil du vôtre, et ne croyant d'ailleurs à rien de ce que vous croyez, glisse, entre maints propos agréables, des théories, des conseils, des allusions, des sourires qui sont autant d'attaques directes ou indirectes contre votre vie de famille.

Le monde, en somme, et non pas le plus méchant,

c'est l'oubli des choses importantes et l'indifférence pour les choses élevées et généreuses;

c'est la domination des choses mesquines, et, comme eût dit Bossuet, l'empire de la bagatelle.

TABLE DES MATIÈRES

LIVRE PREMIER

Le Monde

PRELIMINAIRE

CHAPITRE PREMIER

Le monde connu par ce qu'il présente aux sens.

ARTICLE PREMIER

ARTICLE SECOND

ARTICLE TROISIÈME

ARTICLE QUATRIÈME

LIVRE DEUXIÈME
La Vie du Monde
Vie du Monde en général et but de cette vie : Attirer à lui.

CHAPITRE PREMIER

Action du monde sur les âmes qu'il veut attirer à lui.

CHAPITRE DEUXIEME

Moyens mis en œuvre par le monde pour attirer à lui.

CHAPITRE TROISIEME

Résultats de l'action du monde sur la jeune fille
qu'il a attirée à lui.

LIVRE TROISIÈME

La Vie de la jeune fille dans le Monde

Ce qu'on entend par la Vie dans le Monde.

CHAPITRE PREMIER

Ce que doit être la vie d'une jeune fille dans ses relations
avec le monde.

ARTICLE PREMIER

CHAPITRE TROISIEME

Ce que doivent être les relations de la jeune fille
avec le monde.

ARTICLE PREMIER

ARTICLE SECOND

ARTICLE TROISIÈME

3-930   AVIGNON. — IMP. AUBANEL FRÈRES

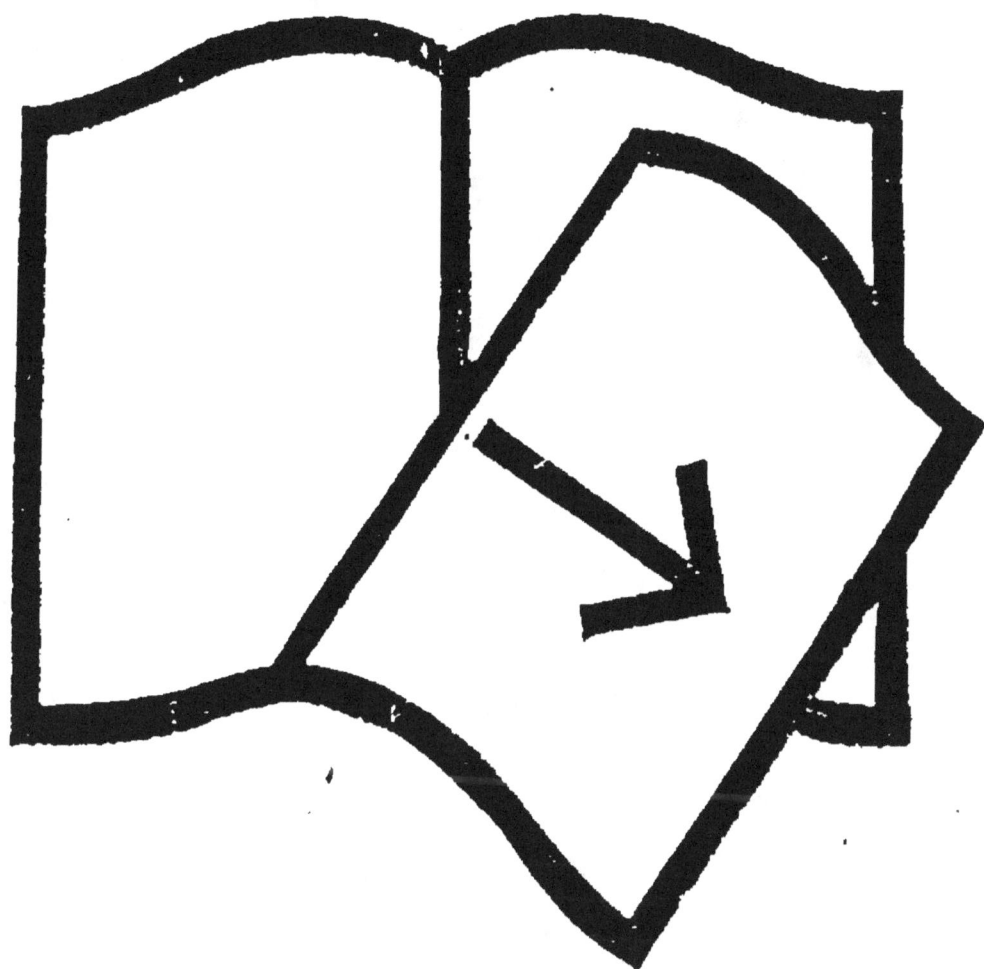

Documents manquants (pages, cahiers...)
NF Z 43-120-13